パトリ〈祖国〉の方へ

一九七〇年の〈日本発見〉

柴崎信三

ウェッジ

はじめに――9・11から3・11へ

広い空の下　ああ　なんという美しさ
実った作物の琥珀色の波
紫色の厳かな山
たわわな果物が実った広野の上に！
アメリカ！　アメリカ！
神は汝に恵みをそそぐ
そして同胞とともに徳をあたえる
大西洋から太平洋へ！

ニューヨークのワールドトレードセンターへのテロで全米が悲嘆と憤怒に包まれた二〇〇一年秋、犠牲者を悼んで廃墟となった現場や各地で開かれた追悼行事を伝える映像でしばしば耳にしたのが、この『アメリカ・ザ・ビューティフル』という美しい旋律である。

直後の九月二十一日夜には、犠牲者の追悼とテロとの戦いへ向けた『アメリカ　英雄たちへ捧げる』と題するテレビの二時間番組が世界へ向けて放映され、ビリー・ジョエルやニール・サイモン、マライア・キャリーらスター歌手が次々と祖国をたたえて人々の連帯を呼び掛ける曲を歌い継いだ。そこでも強い共感の輪を広げたのがこの歌である。

米国の「第二国歌」とも呼ばれるこの詩は一九一三年、名門女子大として知られるウェルズリー・カレッジで教鞭をとっていたキャサリーン・リー・ベイツが、コロラド・スプリングズのパイクス・ピークの山並みから得た霊感をもとに書いたという。超絶主義の詩人、エマソンの伝統の下、「丘の上の家」という聖書の理想を米国の大自然に重ねて歌い上げたといわれる。建国から二百年余りのこの多民族国家にあって、共通の「歌」が危機に瀕した国民にどれほど根強く働きかけるかを、そのとき私たちは目の当たりにした。

十年の歳月を経て、日本は東日本大震災という未曾有の大災害とそれに伴う福島第一原発の事故という文明の土台を問う危機に見舞われた。震災と津波であまたの生命が失われ、俳人、松尾芭蕉が『奥の細道』でたたえた美しい三陸の海岸や田園が根こそぎ廃墟となった。

その時、日本人の胸底にはどんな旋律が響いていたのか。壊滅する風景はわたしたちの共有する記憶と歴史を解体してゆくが、それはこの未曾有の災害のはるか以前の、熱気と喧騒に包まれた繁栄のなかですでに始まっていたはずである。〈3・11〉に引き裂かれた列島に広がった〈絆〉を求める合唱は、四季の変化が織りなすこの列島の麗しい山河と人々のつながり、失われてゆく伝統と歴史の記憶を探る祈りではなかったか。

平成の大震災の悪夢とグローバリゼーションの大波に揺らぐこの国が、戦後の廃墟から復興を成し遂げ、人々が豊かな時代への手ごたえを確かにした、四十年前の一九七〇年にさかのぼってこの論考を始めよう。三島由紀夫と川端康成という、日本の伝統美学を二十世紀に追求し続けた二人の国民作家のセンセーショナルな自死の連環を手掛かりにして、この間の日本人が心の奥から呼び起し、また見失っていった〈パトリ〉のありかを、さまざまな文化表象を通して探ってゆきたい。

〈パトリ〉は「祖国」や「郷土」を意味するが、もともとは〈父親〉を語源とするイタリア語である。民族と領土と言語は国民国家を構成するもっとも大きな要素であり、そこで紡がれた物語や表象は人々の心をつなぐ共通の〈歌〉である。

豊かな自然や「故郷」という想念、人々をつなぐ情誼や倫理、あるいはエロスや女性の造形に至るまで、「日本」をめぐる〈パトリ〉の表象の井戸は深いが、二十世紀の末期から現在に至るグローバリゼーションの大きな波に揺さぶられてその輪郭を失い、大きな渦に飲み込まれつつあるようにもみえる。危機に瀕した社会はどのようにその〈忘れていた遠い歌〉を蘇らせ、新たな意味を掘り起こして語り継いでゆくのだろうか。

そこで改まる「伝統」という価値はどのような姿に移ろってゆくのだろうか。

こなごなに砕かれた　鏡の上にも
新しい景色が　映される

はじまりの朝　静かな窓
ゼロになるからだ　充たされてゆけ

海の彼方には　もう探さない
輝くものは　いつもここに
わたしたちのなかに　見つけられたから

世界から大きな評価を集めて〈クール・ジャパン〉という現代のジャポニスムの先駆けとなった宮崎駿のアニメーション『千と千尋の神隠し』で、木村弓がライヤー（竪琴）に合わせて歌う「いつも何度でも」（覚和歌子作詞）は、国籍や所属を失って廃墟に似た混沌のなかを生きる主人公の少女の心象と響き合って、現代の伝統と文化の行方を暗示する。

われわれの〈パトリ〉の来し方とこれからを一九七〇年という地点から見据えてみたい。

パトリ〈祖国〉の方へ――一九七〇年の〈日本発見〉　目次

装丁　多田　進
本文設計　上野かおる

パトリ〈祖国〉の方へ――一九七〇年の〈日本発見〉

凡例

書籍等の引用に際して表記は使用した底本（「主な参考・引用文献」を参照）に準拠した。ただし、旧漢字は新漢字に改めた。

写真提供

カバー　土門 拳「室生寺鐙坂 椿」

第一章扉　入江泰吉「斑鳩の里落陽（法隆寺塔）」

第二章扉　毎日新聞社「東大安田講堂落城の翌朝」

第三章扉　毎日新聞社「昭和大喪の儀・新宿御苑」

第四章扉　榎本敏雄「春風に耐える代々木公園の櫻」

第一章

美しい日本と〈私〉

空っぽな大国――三島由紀夫の死

目の前に真っ白な砂浜があり、夏の盛りの強い日差しを浴びて輝く青い伊豆の海がある。黒の水着を隆々と鍛えた体につけた四十五歳の三島由紀夫が、砂浜に寝そべってラジオから流れる流行歌を聞きながら、時折手元の雑誌を捲っている。傍らの母親に付き添われた十一歳の長女と九歳の長男が、歓声を上げて海辺を駆け回る。

はしゃいだ子供たちの声に促されて、砂浜でおどけて踊り子のポーズをとって見せる父親。どこにでも見る夏休みの一家の、屈託のない団欒の風景がそこにはあった。

毎年の恒例で一家が滞在する伊豆下田のホテルにその夏の一夕、三島は親しい米国人研究者のドナルド・キーンと英「ザ・タイムズ」紙の東京支局長、ヘンリー・スコット＝ストークスを招いて会食した。律儀で細心なこの作家は、その料理店で二人の親しい外国人の招客のために、普段は夏場には食べられない伊勢海老を五人前も注文して歓待した。

翌日、ホテルのプールで会ったキーンに対し、三島はライフワークとなる最後の長編小説「豊饒の海」の第四部『天人五衰』を書き終えたと話し、「あと残っているのは死ぬだけだ」と笑いに紛らせた。その晩、出来上がった最終章の原稿を手渡されたキーンがためらった挙句、目を通さずに筆者に返したのは、得体の知れぬ畏れがあったからである。

『天人五衰』は一九七〇（昭和四十五）年八月のこの時、すでに書き上げられていたのである。そしてその三ヶ月あまり後、三島はあのセンセーショナルな自死を遂げる。

さて、三島由紀夫の死である。

一人の作家の「死」が、これほどスキャンダラスな事件として社会を揺るがせたことがかつてあったろうか。日本と西欧の古典に通じた華麗な文体で書き継いだ数多くの名作と、メディアを舞台にした眩しい活躍で時代の寵児となったこの国民的作家が、過激な政治的主張を掲げて若い同志とともに自衛隊の東部方面総監本部という国家中枢に乱入し、クーデターを呼びかけた挙句に割腹自殺を遂げるという、前代未聞の出来事である。一九七〇年十一月二十五日に起きたこの演劇的事件は、二十世紀に突出する芸術家の「社会的自殺」として、いまもある。

その日、三島はヴィクトリア朝のコロニアル様式と呼ばれた東京・馬込の白亜の自邸で起床し、暗黄色の「楯の会」の制服に着替えた。十時過ぎ、行をともにする若い同志三人が用意した中古のトヨペット・コロナで待ち受けて三島を迎える。三島が雑誌連載中の『天人五衰』の最終回の原稿を手伝いの女性に託したあと、自宅を出た一行は現場へ向から車中で、高倉健の「唐獅子牡丹」を合唱して気分を高揚させた。

陸上自衛隊市ヶ谷駐屯地に着いたのは午前十一時。東部方面総監室で旧知の総監、益田兼利と面会し、森田必勝ら「楯の会」の四人を紹介、三島が携行した日本刀を披露した直後に立ちあがった四人は総監の口をふさいでロープで椅子に縛り上げ、机やいすで入口にバリケードを築いた。三島は総監部の職員に対しすべての自衛官を前庭に集めるよう求めたうえで、バルコニーに出て演説したが、「自衛隊が立ち上がらなければ、憲法改正ってものはない」「諸君は武士だろう。一人でも俺と一緒に立つ奴はいないのか」といった主張は、自衛隊員の野次にかき消されて聞き取りにくかった。

「天皇陛下万歳」を三唱して総監室に戻った三島は正座し、上着を脱いで短刀を両手で左脇から差し込み、割腹自殺した。左後ろに立った同志の森田が介錯し、そのあと自身も割腹を遂げた。自裁した二人の首は古賀浩靖が刎ねた。残された三人は総監を解放した後、現場の警官に逮捕された――。おおよそ一時間半足らずの間に起きた事件を、梗概風に書けばこのようなものになる。

この唐突な死については、過去四十年にわたって汗牛充棟の議論が積み重ねられてきた。にもかかわらず、予め準備されたあまりにも演劇的な設《しつら》えに覆われて、今日に至ってもその真の動機や背景は定かな輪郭を結ばない。三島本人の遺書、辞世の歌、書簡などはもちろん、事前に周到に準備されていた。事件を暗示させるさまざまな発言、著述などによって、この日の行動は事件の一年ほど前からメディアや知人を通じて予告されてきたが、募ってゆく政治的な危機意識は、その当人の切迫感とは裏腹に、どこかで空疎なフィクションを感じさせる。

ここでは若い無名の三島が文壇に導かれて以来、終生のうるわしい師弟関係を結んできた作家の川端康成との間で、事件の直前まで戦後二十五年間にわたって交わされてきた書簡を手掛かりに、なお謎の多い自死への伏線を探ってみたい。

三島の死から三十年近くを経たのち、山中湖に設けられた三島由紀夫記念館に遺族のもとにあった未定稿やノート類が寄贈された折、四十六通の未発表の往復書簡がそのなかから見つかった。青年期から死の直前まで、文学的な理念と美意識で結ばれた師弟のやりとりは敬意と愛情に包まれ、互いの作品に対する感想から折々の贈り物への謝辞まで、忌憚のない言葉の交流から世代を超えた深い信頼が伝わる。

終戦に向かう戦争末期の重苦しい空気に包まれた一九四五（昭和二十）年三月十六日付けの書簡で、二十歳の平岡公威《きみたけ》は川端にあてて贈った処女作『花ざかりの森』への礼状への謝辞を伝えたうえで「都もやがて修羅の衢《ちまた》」といくさの先行きへの不安を記している。自決の前年の八月四日付の書簡では、その前年に川端が日本で初めてのノーベル文学賞を受賞して、ストックホルムでの授賞式に際して行った記念講演と、翌年ハワイ大学で行った特別講義のテキストについて、三島はプルーストの感覚的な象徴表現や新感覚派の時代の川端の作品を対比させせながら讃えて、日本文化の国際的な評価を喜んでいる。

〈東京では、あまりにキチキチに予定を組みすぎ、そんな気分の中で「美しい日本の私」と「美の存在と発見」の二つの御高著を拝読するのは、冒瀆のやうな気がしてをりましたから、ここ下田へ持参いたし、海風のなかでゆつくり繙く幸を味はひました。／「美しい日本の私」は、川端さんの文学の核心を、みごとな自意識で解説された御本で、世の川端論などは、みな、この小冊子の前に吹つ飛んでしまふと思ひました〉（一九六九年八月四日付、川端宛書簡）

ところが、この手紙には後半にある種の「爆弾」が仕掛けられている。すでにのめり込んでいた「楯の会」の政治活動に言及したうえで、三島は次のように記す。

〈ここ四年ばかり、人から笑はれながら、小生はひたすら一九七〇年に向つて、少しづつ準備を整へてまゐりました。（略）小生としては、こんなに真剣に実際運動に、体と頭と金をつぎ込んで来たことははじめてです。一九七〇年はつまらぬ幻想にすぎぬかもしれません。しかし、百万分の一でも、幻想でないものに賭けてゐるつもりではじめたのです〉

〈小生が怖れるのは死ではなくて、死後の家族の名誉です。（略）生きてゐる自分が笑はれ

るのは平気ですが、死後、子供たちが笑はれるのは耐へられません〉

一九七〇年の日米安保条約の自動延長をめぐる政治運動の高揚で、新左翼が起こすであろうと〈期待〉された騒擾に対応して、自衛隊がとる治安出動に呼応してクーデターを起こし、憲法改正への道筋をつくるというシナリオは、東西冷戦下でイデオロギー対立が先鋭化した当時の社会情勢を勘案しても、現実の政治論としては荒唐無稽の極みであろう。にもかかわらず、日本の伝統と文化的正統性の回復という想念へ向けて、作家は自ら仕組んだ「世界で最も小さな私兵組織」による政治行動へと踏み切るのである。

同年の六月に日米安保条約はほとんど滞りなく自動延長され、高揚してきた左翼勢力を中心とする反対運動は急速に沈静化してゆく。三島が仮想の政治的標的と恃んだ新左翼の運動も次第に地下に潜って惨めな内部抗争へと向かう一方、日本社会の空気は高度経済成長に伴う豊かな消費社会の熱気のほうへと、すでにその舵を切っていた。

そのことを十分認識していてなお三島は考える。「すべてが徒労に終り、あらゆる汗の努力は泡沫に帰し、けだるい倦怠の裡にすべてが納まつてしまふといふことも十分考へられ、その可能性のはうがずつと多いのに、小生はどうしてもその事実に目を向けるのがイヤなのです」(同書簡)。こうして膨らんだ一九七〇年という「危機」への幻影が、三島を「その日」に追い込んでゆくのである。

激しい政治の季節と見える表層と裏腹に〈昭和元禄〉などと呼ばれ、時代は高度成長の宴に酔う消費社会の泰平の気分が覆っていた。その一方で国家としての紐帯《ちゅうたい》がゆらぎ、伝統文化の枯渇がすすむ世相に対し、三島が正面から危機感を公にしたのは二年前、雑誌『中央公論』に公表した「文化防衛論」においてである。

「文化概念としての天皇制」という、作家が拠り所とした戦後批判と日本文化への視点がここではっきりと提示されている。

西欧の合理主義との対比で強調されている日本文化の特性として、挙げられているのは「行動様式自体を芸術作品化する特殊な伝統」と「オリジナルとコピーの弁別を持たない、文化の連続性」である。前者の例として武士道における〈倫理〉と〈美〉の融合が、後者の例として伊勢神宮の式年遷宮や和歌の「本歌取り」にみる伝統の革新があげられており、〈再帰性〉と〈全体性〉と〈主体性〉が日本の文化的特質である、と三島は強調する。そして、その最も中核にある価値に、天皇制があるというのが主張の骨格である。

〈このやうな文化概念としての天皇制は、文化の全体性の二要件を充たし、時間的連続性が祭祀につながると共に、空間的連続性は時には政治的無秩序をさへ容認するにいたることは、あたかも最深のエロティシズムが、一方では古来の神権政治に、他方ではアナーキズムに接着するのと照応してゐる〉

王朝時代以来の「みやび」の伝統の復権を求めるその立場からすれば、日本国憲法の下で権力を伴わない「象徴」となった戦後の天皇制はその形骸に過ぎず、戦力を持たない自衛隊もまたその呪縛から解かれなくてはならない。三島のそのような主張が二年の後の秋、陸上自衛隊東部方面総監部へ「楯の会」のメンバーとともに乱入して決起を促し、失敗して自裁するという事件につながってゆくのである。

失われてゆく過去の幻をひたすら追い求めるロマン主義者が、現実との乖離に耐え切れずに破局へ導かれる、典型的な精神の帰結であろう。その引き金となったのが、川端康成という師との間のノーベル賞をめぐる、ある不幸な行き違いであったとすれば、悲劇の淵はさらに深まる。川端は三島にとって終生、文学と美の大きな鏡であったばかりでなく、そのエキセントリックな死もまたこの師に導かれた、と言っては過ぎるであろうか。

師弟の書簡の往復は頻繁であった。処女作『花ざかりの森』の贈呈を機に一九四五（昭和二十）年三月にはじまる往復書簡は、一九七〇年十一月の自決に至る二十五年間で、明らかになっているものだけで九十四通にのぼる。三島は律儀で筆まめな性格であったから、旅先からのあいさつや時節の贈り物への返礼などを合わせると、年間では均して五、六通の手紙のやり取りが行われているわけだが、例外が起こるのが死の前年の一九六九年である。

その前年秋に川端康成に日本人として初めてのノーベル文学賞の授賞が決まり、ストックホルムでの授賞式への出席など、師の身辺はにわかに慌ただしくなった。それに合わせて三島の書簡はふっつりと途絶えて、それ以降はさきに紹介した翌年夏の「小生が怖れるのは死ではない」という、ある運命の予感をたたえた手紙までの沈黙が続くのである。

師のノーベル文学賞受賞という栄誉がもたらした、作家としての微妙な心の動揺をここに読みとることができる。というのも、そもそも川端の「日本人初のノーベル文学賞受賞」という椿事には、その発端から「作家三島由紀夫」が深くかかわっているからである。

〈さていつも〳〵御煩はせするばかりで恐縮ですが例ののおべる賞の問題　電報を一本打つただけではいろいろの方面ニ無責任か（見込みはないにしても）と思はれますので極簡単で結構ですからするゐ《ママ》せん文をお書きいただきませんか　他の必要資料を添へて英訳か仏訳かしてもらひあかでみいへ送つて貰ひます　右あつかましいお願ひまで　私この三十日夜の鞍馬の五月の満月祭といふのを見て帰ります〉

（一九六一年五月二十七日付、三島宛書簡）

戦後日本の復興と経済成長が世界の注目を集めるようになり、一九六四（昭和三十九）年にアジアで初の五輪の東京開催がきまるなど、国際社会での日本の存在が大きく認められるようになるのとあわせて、ノーベル文学賞を選考するスウェーデン・アカデミーが日本から候補者の推薦を依頼してきた時期である。

三島は師の手紙の要請にこたえて英文で推薦状を書いている。

〈川端氏の作品では、繊細さが強靭さと結びつき、優雅さが人間性の深淵の意識と手をつないでいる。その明晰は内に底知れぬ悲哀を秘め隠して、現代的でありながら、中世日本の修道僧の孤独な哲学が内に息づいている〉　（佐伯彰一訳）

『雪国』や『千羽鶴』などの川端の作品や『仮面の告白』『金閣寺』『近代能楽集』など三島の作品は、すでに英語やフランス語などに翻訳されて世界に紹介されていたが、このころ日本でもっともこの賞の受賞に有力とされていたのは『細雪』で日本の王朝美学の伝統を現代に蘇らせたとして、国際的にも評価の高かった谷崎潤一郎であった。

すでに一九五八年に米国の作家、パール・バックの推薦で同賞の候補になっている谷崎についても、三島が推薦状を書いていることが近年明らかになった。三島はいわば戦後日本文学の代理人として国際舞台への仲介役を担ってきたのである。

川端への受賞が見送られたあとの一九六二（昭和三十七）年四月十七日付の手紙で、川端は「ノオベル賞推せん委員も《ママ》たつきはおもしろいですね。（略）まああなたの時代まで延期でせう」と三島に書き送っている。実際、一九六五年に谷崎が没して授賞が見送られたあと、次の日本の有力候補は三島というのが内外世論の大方の見方であったから、一九六八年の川端に対するノーベル文学賞の授賞が、誇り高い三島の内面に微妙な影をもたらしたことは容易に想像することができる。

この間の事情については、日本文学研究者で同賞の候補の推薦にかかわってきたドナルド・キーンの証言がある。

「それでも今もって私は、どういうわけでスウェーデン・アカデミーが三島でなく川端に賞を与えたのか不思議でしようがない」とキーンは三十六年後に書いた自伝で疑問を投じ、当時アカデミーの周辺にいた人物から得た裏話を明るみに出している。

かつて国連事務総長を務めたダグ・ハマーショルドは三島の『金閣寺』の翻訳を読んで高く評価し、そのことをアカデミーに伝えていた。しかし、ヘンリー・S・ストークスの『三島由紀夫　生と死』によれば、一九七〇年にコペンハーゲンでの会食の場でキーンと同席したデンマークの作家、リンデマンが「私が川端に賞を取らせた」と打ち明けたので事情を質すと、選考委員会から日本人作家の受賞で意見を求められた際、三島は過激な「左翼思想」の持ち主であることから川端を強く推したところ、そのような結果になったというのである。この挿話がどれほど真実性に裏付けられているかはわからないが、紛れもない伝統主義者であった三島が日本通を任じる半可通の外国人作家の一言で「左翼」と紹介され、ノーベル文学賞を川端に譲る結果となったとすれば、これは歴史のアイロニーというほかはない。ともあれ二人の作家の評価を巡ってひとつの「逆転」がアカデミーの周辺で起きたことは、おそらく疑えない。

三島が川端に送った最後の手紙は、自決の四ヵ月余り前の一九七〇年七月六日付で、一年の空白の後に受け取った師の書簡への返信の形をとっている。

絶筆となる「豊饒の海」の第四部『天人五衰』のよく知られた結びの部分をすでに書きあげようとしていることを伝えた後、三島は「時間の一滴々々が葡萄酒のやうに尊く感じられ、空間的事物には、ほとんど何の興味もなくなりました」と記す。

このただならぬ空虚感は、手紙の日付の翌日にあたる七月七日の『サンケイ新聞』夕刊に掲載された「果たし得てゐない約束」という随筆を貫く通奏低音に重なる。

〈私はこれからの日本に大して希望をつなぐことができない。このまま行つたら「日本」はなくなつてしまふのではないかといふ感を日ましに深くする。日本はなくなつて、その代はりに、無機的な、からつぽな、ニュートラルな、中間色の、富裕な、抜目がない、或る経済的大国が極東の一角に残るのであらう〉

この時期、三島は日本のあちこちに繁殖しはじめたセイタカアワダチソウという外来種の雑草に嫌悪を隠さなかった。「空っぽ」と形容し「無機的」と疑ったものが何であるかは、おのずから明らかだろう。

戦後日本は農村的秩序をほぼ解体して都市文化の足場を固め、経済成長に伴う個人の物質的な達成が人々の主要な関心となりつつあった。一九七〇年は国家や民族や地域血縁など、共有される相互の〈関係〉が生み出す公共的な価値や理念に代わって、個人の幸福を優先する社会へ転換する場面にあった。国家や民族から企業組織や家族に至るまで、共有すべき価値と社会の紐帯が緩んで、道徳や伝統文化などこの国が戦後維持してきたいわゆる〈社会関係資本〉は、明らかに衰弱の道へ向かいつつあった。象徴天皇制という戦後の「擬制」への違和感を『英霊の声』などの作品に結晶させ、すでに広がり始めたグローバリゼーションの下で「伝統」という価値の衰退を「懐古」とイロニイ（反語）という手法で造形してきたこの作家にとって、戦後の日本社会は表現と現実を和解させる臨界点を超えたというべきかもしれない。

ライフワークとした「豊饒の海」の第一部『春の雪』では王朝の雅の復権を、第二部『奔馬』では武断と行動の美学を、第三部『暁の寺』では仏教的な輪廻と転生を、そして第四部『天人五衰』では涅槃の哲学を主題として、物語は結ばれる。

十八歳だった本多繁邦は八十歳を超えた老人となって、若い日の親友だった松枝清顕《まつがえきよあき》の恋人で出家して門跡となっている聡子を、真夏の奈良の月修寺に訪ねる。

「松枝さんといふ方は、存じませんな」

聡子はそう言って「御存知でない筈はありません」と食い下がる本多に重ねて言う。

「それも心心ですさかい」

〈これと云つて奇巧のない、閑雅な、明るくひらいた御庭である。数珠を繰るやうな蟬の声がここを領している。／そのほかには何一つ音とてなく、寂寞《じゃくまく》を極めてゐる。この庭には何もない。記憶もなければ何もないところへ、自分は来てしまつたと本多は思つた。／庭は夏の日ざかりの日を浴びてしんとしてゐる。……〉

（『天人五衰』）

師、川端康成に導かれて、三島はこのような最期の場所にたどりつく。

喝采が途絶える時——川端康成晩景

晩年の川端康成は睡眠薬を常用しており、そのために生活のリズムはしばしば昼夜が逆転する不規則なものになった。記憶が朦朧として覚束ないこともしばしば起きた。禁断症状で意識不明となって十日ほど病院へ入院したこともあり、「眠り薬が麻薬、覚醒剤の代役をつとめることになつて来るのを私も恐れて居ります」といった言葉も手紙には見える。ノーベル文学賞を受賞する前年の一九六七（昭和四十二）年二月十六日付で三島にあてた雑誌「批評」への執筆依頼に対する返事の手紙にはこうある。

〈復啓　今日も夜の九時半に起きまして、それが私の朝といふやうな夜昼てん倒の極端な日々が続きまして、まさしく痴呆状態が久しい折りから、何が書けますことやら、すこぶる頼り無いありさまですが、ほかならぬ御用命ゆゑ、とにかく拝承の御返事申上げました〉

川端がスウェーデン・アカデミーから日本人初のノーベル文学賞授賞決定の連絡を受けたのは、一九六八年の十月十七日のことである。「日本人の心情の本質を描いた、非常に繊細な表現による彼の叙述の卓越さ」が授賞の理由とされた。

女流画家と内弟子の娘との愛憎を描いた『美しさと哀しみと』やシュールレアリスムを思わせる「片腕」、テレビ小説の『たまゆら』を二年前に書いた後、大きな作品は書けていない。六十九歳という年齢は確実にこの耽美主義の作家の心身を疲弊させ、創造の泉を枯渇させせつつあった。睡眠薬の助けを借りなければ眠れず、執筆は思うままにすすまなかった。ノーベル文学賞授賞決定の知らせを受けるのは、そのような時期と重なっている。

授賞決定の知らせを受けた翌日、鎌倉・長谷の川端邸の庭から生中継されたNHKテレビの特別番組『川端康成氏を囲んで』には、作家の伊藤整とともに三島が出演した。国際化がすすむ世界のなかで日本の文化的な正統性を継ぐ現代文学として、川端の作品が西欧社会から高い評価を受けた意義を「起承転結を定めず、物語が始まるところで終わるような川端文学の感覚と構造が新鮮な感動を伴って迎えられた」とたたえている。

「特殊と見られてきた日本文学が欧米の普遍的な文学の範疇に迎えられた意義は大きい」という三島の指摘は、すでにグローバリゼーションが進む世界で日本文学の立ち位置を的確にとらえている。自らが受けるべきであったかもしれない栄誉を師が受けたことを祝福し、爽やかに喜びの言葉を継ぐ三島の表情にはいささかの曇りもうかがえない。

かくして川端は十二月十日、ストックホルム市のコンサートホールで行われた授賞式に、妻の秀子を伴って紋付羽織に袴という正装で臨み、国王グスタフ六世からメダルと賞状、証書などが渡された。

二日後の十二日、受賞記念講演が同アカデミーで行われた。草稿は何度もの推敲が重ねられ、当初「日本の美と私」とされていた演題も直前に改められた。のちに『美しい日本の私――その序説』のタイトルで刊行され、現代の日本文化論の代表的なテキストとなったこの講演は、中世から近世にかけた日本の僧の詩歌や著述を引きながら、日本の伝統文化の源泉を平明に論じている。

春は花夏ほととぎす秋は月冬雪さえて冷しかりけり（道元）
雲を出でて我にともなふ冬の月風や身にしむ雪や冷めたき（明恵）
形見とて何か残さん春は花山ほととぎす秋はもみぢ葉（良寛）

講演の冒頭で川端が日本の美と宗教的伝統の表象として掲げた三人の僧の歌は、いずれも四季を織りなす自然への観照を通して人が生きることとの意味を問いかけている。

道元の「見ずや、竹の声に道を悟り、桃の花に心を明るむ」の言葉をあげて、川端は墨絵や山水の無限の美を説き、一輪の花こそが茶室の余白に生きるという、禅の哲学を解き明かす。そのうえで『古今和歌集』や『源氏物語』にみる王朝文化の「もののあはれ」の哀歓が、女性的な〈あやしさ〉や〈余情〉という美の水脈をつくってきた日本文化の背景に言葉は及んでゆく。この滅びゆく雅の伝統のなかで深まる「哀愁」の感覚こそ、自ら親しみ育ててきた文学の拠り所である、とも。

日本に古来伝わる美と人生の還流というこの講演の主題は、単に自然の景物を愛でながら人と人が結ばれる、調和的な風土への賛美に終始したわけではない。「国民作家」としての川端は「仏界入り易く、魔界入り難し」という一休の書にも触れることで、晩年に酒食や女色を通して人間がかかえる生命の実存や本然の姿を求めたこの禅僧の異形の人生を、自らの境涯に重ねて考えていたのかもしれない。

〈花、ほととぎす、月、雪、すべて万物の興に向ひても、およそあらゆる相これ虚妄なること、眼に遮り、耳に満てり。また読みだすところの言句は皆これ真言にあらずや〉

講演は西行との歌物語で交わされた明恵のこの言葉を結びに置いて、終わる。

「日本、あるひは東洋の「虚空」、無はここにも言ひあてられてゐます。私の作品を虚無と言ふ評家がありますが、西洋流のニヒリズムといふ言葉はあてはまりません」

川端がそう締めくくり、通訳のE・サイデンステッカーが英語でこれを伝えると、会場からはさざ波のような拍手が起こった。ノーベル賞受賞という椿事に伴う川端のあわただしい日々は、年が明けて帰国した後も続いた。

川端康成が文学の形成に向かう途上で、人生の決定的な与件として引き受けたのは「孤児」という生い立ちの宿命である。大阪・茨木市の旧家に生まれた康成は、幼少のときに両親を失い、さらに祖母と姉、そして祖父と次々に肉親を失って、孤独と手を携えながら自らの文学を模索してきた。初期の小説「葬式の名人」はそうした「孤児」の体験を自らの宿命として描いたものである。日本文化が古来伝えてきた人生のはかなさや哀しみ、そこに湧き上がる移ろいやすい美と自然への同化という主題が、「天涯孤独」という生い立ちと深く響きあいながら育まれてきたことは疑いをいれない。

もっとも、若い日の川端は西欧の実験的な表現の影響を受けた新感覚派に加わり、『水晶幻想』などのモダニズムの色濃い作品を少なからず書いている。日本的抒情への没入を「自らの悪血を飲む苦さ」と形容して批判していたこともある。

それゆえ、日本が国家主義へ歩みを早めた昭和十年代にあっても「わが伝統の埋没を嘆く心よりも、西洋文化の移入の未熟を悲しむ心の方が、まだ遥かに強い」（「文芸行路」）と記し、「私は太平洋戦争の日本に最も消極的に協力し、また最も消極的に抵抗した」とも振り返っている。

こうした美意識の遍歴をたどれば、総力戦の時代の川端は、当時殷賑《いんしん》をきわめた「日本浪曼派」や「近代の超克」などであらわになる国粋的美学とは距離を置いた、むしろ西欧的な感覚が勝った作家であった、とみることができる。

ところが祖国がいよいよ敗戦の破局へ向かい始めた時点で、眼差しは一転する。

〈私は戦ひがいよいよみじめになつたころ、月夜の松影によく古い日本を感じたものであつた。私は戦争をいきどほるよりもかなしかつた。日本があはれでたまらなかつた。(略)空襲のための見廻りの私は夜寒の道に立ちどまつて、自分のかなしみと日本のかなしみとのとけあふのを感じた。古い日本が私を流れて通つた。私は生きなければならないと涙が出た。自分が死ねばほろびる美があるやうに思つた。私の生命は自分一人のものではない。日本の美の伝統のために生きようと考へた〉

(『天授の子』)

伝統という「大樹」とともに生きる決意をあからさまにした、この劇的な内面の転位はなぜ起きたのだろうか。戦時のベストセラーになった『雪国』に対する、思いがけない国民の共感の広がりや、畏友・横光利一の死といったいくつかの伏線が認められるが、戦後の国民作家への軌跡をたどる上での大きな謎として残されている。

〈敗戦後の私は日本古来の悲しみのなかに帰つてゆくばかりである。私は戦後の世相なるもの、風俗なるものを信じない。現実なるものもあるひは信じない〉

これは一九四七（昭和二十二）年に川端が随筆「哀愁」の中で記した、日本の伝統と歴史への回帰宣言である。西欧文明との対決を掲げた祖国の敗戦で、多くの日本人が民主主義という新たな原理へ向かって急激な価値観の転換に踏み切ってゆくなかで、この世情とは真逆というべき伝統回帰の宣言は際立った響きを伴っている。ここから戦後の川端の大いなる祖国回帰と日本の伝統美学の再構築が始まるのである。

川端の代表作『雪国』は戦時体制に向かう一九三七（昭和十二）年に書かれているが、その後いくたびか短編として断続的に書いたものがつけ加えられ、加筆や改訂を経て現在の形にまとまるのは戦後の一九四七(昭和二十二)年である。つまり、この国民文学とも呼ぶべき作品は「敗戦」という祖国の悲痛な歴史の経験を挟んで、作家の伝統と風土に対する眼差しの転換を映して成り立っているのである。

〈国境の長いトンネルを抜けると雪国であつた〉

広く知られたこの冒頭に始まる小説『雪国』は、雪深い北国の温泉場を舞台に、都会から訪れた主人公の男と美しい薄倖の芸者駒子との交情を伝統美学の構えのなかに描いている。起承転結や筋書きらしいものはよく見えない。俳諧の「連句」を思わせる、この作家独特の手触りを持つ物語である。

「トンネル」の向こうに日常とは異なる〈魔界〉があり、孤独を抱える男が風土と古い記憶の底から呼び起されたような、蠱惑《こわく》的な女に引き込まれてゆくという設定は、一種の日本的なファム・ファタル（魔性の女）譚でもあるが、物語全体に漂うエロティックな悲調が惨めな敗戦をはさんだ日本人の心の古層を刺激していった、という背景も考えられよう。

女性や自然の造形を通して日本古来の「かなしみ」を追い求めるという川端の主題は、この作品の繊細な美意識と瑞々しい抒情的な文体によって花開き、戦後になってからはほかの作品とともに、川端は国民的な作家として読者の大きな支持を得るようになった。

『雪国』はもちろん、『伊豆の踊子』や『古都』など多くの川端作品が、それぞれの時代の人気女優らをヒロインに迎えて何度も映画化され、日本的な情調の定番映像として人気を集めた。戦後の川端はマスメディアを通して、その作品に結晶した伝統的な抒情を大衆的な国民の眼差しのもとに置き直す役割を果たすかたわら、京都や鎌倉など古都を舞台にした作品を通して、エキゾチックなオリエンタリズム（東洋趣味）の表象を国際社会の広がりのなかに示して、世界の評価を得ることになった。

空前のノーベル文学賞受賞の背景をたどって、川端の美学の足取りにいささか長い寄り道をしたが、この遍歴の結晶が二年後の三島由紀夫の自決と、さらにその翌年の川端自身の自死という連鎖につながる。これは時代が紡いだいたましい因果の糸であろう。

受賞の翌々年の一九七〇年、川端は三月にハワイへ招かれて日本文学の特別講義を行ったあと、ノーベル賞記念の「川端康成展」に立ちあうためにいったん帰国、六月にふたたびハワイ大学で「美の存在と発見」と題する特別講義にのぞんだ。

国際的な巨匠として脚光を浴びる七十歳の作家のあわただしい日々である。六月十三日付の最後の書簡まで、三島にあてた手紙はない。

一九七〇年十一月二十五日、三島は「楯の会」の若い同志とともに自衛隊市ヶ谷駐屯地の東部方面総監本部に乱入し、割腹自殺を遂げた。すでに一年前の夏、川端にあてた手紙でも「小生が怖れるのは死ではなくて、死後の家族の名誉です」と記して、自殺への強い意志を示しているが、それがその通り実行されたのである。

こういう事態に至るのだったら、思いとどまらせるために自分も楯の会に入り、市ヶ谷まで同行すべきではなかったのか。しかし、遅きに失したいま、無言でいるほかはなく、この希有の才能がこれほど早く失われたことを惜しむばかりである——。

事件直後に川端はこのような談話を発表し、翌年一月十五日に東京・築地本願寺で行われた葬儀では葬儀委員長を務めた。『花ざかりの森』で二十歳の三島を見出した若い日の出会いから、日本の伝統と美意識を共有しながら戦後の文壇を歩んできた同時代の感覚、そして予期しない別れ。万感の思いがそこに込められているが、喉に刺さった刺のように意識されていたのは「ノーベル賞」という栄誉を巡る三島との屈折した経緯であろう。「君がこれを受けていれば」という思いは日増しに募っていったに違いない。

中国の文化大革命による言論統制への批判や核兵器廃絶への賛同など、文学者として政治に対する一定の関与をしてきた川端だが、どれもが穏健な文壇のつきあいの域を出ていない。ところが、三島の死の翌年三月に、川端は美濃部亮吉の対抗馬として東京都知事選に自民党から立候補した元警視総監、秦野章の応援を買って出て、街頭演説に立つなどの行動に、突然踏み切る。ノーベル賞を受けたノンポリの文豪の選挙応援は世間に奇矯な眺めと映ったが、これも三島の死がもたらした「狂い」であったのだろう。

なれない選挙応援の後、体調がすぐれないままにひと夏を越えて年が明けた。

一九七二（昭和四十七）年の四月十六日。川端は昼過ぎに「散歩へ出る」と手伝いの女性に言い置いて、鎌倉・長谷の自宅を出た。夜になっても戻らないことから、心配した家族が仕事場にしていた逗子マリーナのマンションを訪れたところ、風呂場わきの洗面所で背広姿の川端がガス管をくわえて倒れているのを発見した。救急隊がかけつけたが、すでに絶命していたという。遺書などはなかった。

〈鎌倉のいはゆる谷《やと》の奥で、波が聞える夜もあるから、信吾は海の音かと疑つたが、やはり山の音だつた。／遠い風の音に似てゐるが、地鳴りとでもいふ深い底力があつた。自分の頭のなかに聞えるやうでもあるので、信吾は耳鳴りかと思つて、頭を振つてみた。／音はやんだ〉

（『山の音』）

戦後文学の到達と言われる『山の音』は川端が戦後ほどなく、五十歳の時に書いた作品である。初老の主人公は夜半、家族とともに暮らす鎌倉の住まいの裏山から得体の知れない地鳴りのような音を聞いて、不安を掻き立てられる。作品を貫くこの不気味な音は、この国の近代的な家族という制度のなかで生きている男がかこつ、心の揺らぎや恐れの表象であり、作家が主題としてきた「日本古来の悲しみ」という、異界から戦後の現在に遠く響いて届けられる主調音である。

息子夫婦とともに住んでいるその家で、主人公は妻と可憐な嫁や婚家から出戻った娘に囲まれながら、老いに近づく日々を送っている。若い日の密かな恋の記憶を自分の中に呼び起こすなかで描かれる日常に、格段の物語が展開するわけではない。しかし四季の自然の移ろいを背景にして浮かび上がるのは、家族をめぐる〈哀しみ〉と老年にさしかかった男に蟠《わだかま》るエロスの背後に忍び寄ってきた、死への不安である。

文芸評論家の山本健吉は「この作品の中に具体的に描かれた『日本古来の悲しみ』は、日本の中流の家庭の、一種名状しがたい暗い雰囲気だと思う。古くから持ち伝えた日本の『家』のなかの悲しさが、家族の感情の微細なひだに到るまで隈なく捕えながら、渾然と描き出されているのだ」（新潮文庫版「解説」）と記している。

三島由紀夫が死んだ一九七〇年は、さまざまな意味で戦後日本の分水嶺であった。経済大国へ向けて都市化がすすむ列島の風景は一変しつつあった。

戦後の復興期から抜け出て豊かさを手にした日本人は、古いきずなや伝統を桎梏と考えて振り払うべく、走り続けていた。戦後社会にあって川端康成が描いた歴史の古層から響く浪漫と孤独の旋律は、そんな転換期の日本が失おうとしているものへの挽歌であり、ノーベル文学賞の授賞はその「滅びつつある日本美」に対して世界が寄せた、驚きに満ちたオマージュ（賛歌）であった。

その日、七十二歳の川端は相模湾の夕日を眺める近代的なマンションの一室で、何を見ていたのだろうか。遠い歴史の記憶の彼方から響いてくる、得体の知れない「山の音」に耳を傾けていたのだろうか。

日本画の運命——寂しい東山魁夷

すでに桜は散っていた。見渡す海にはうすい靄がたなびき、夕べの空には上弦の月がのぼっている。四月十六日、日本画家の東山魁夷《かいい》は九州の天草灘を見下ろす鄙《ひな》びた宿で、行く春を惜しみながらその長閑《のどか》な眺めに見入っていた。若い日、留学で祖国を離れてドイツへ向かう船からこの天草の海岸を眺めた遠い記憶が蘇ってきた。いまは福岡での個展の合間を縫って妻のすみを伴い、唐津から佐世保、柳川を巡る旅の途上である。おぼろな月の上の宵の明星が、一瞬迸《ほとばし》るような輝きを発したようにみえた。胸騒ぎがあった。

夜半、電話が鳴った。

「川端先生が亡くなられたのですって」

妻の声を聞いてすでに床に入っていた東山は飛び起き、テレビのスイッチを入れた。

速報は川端が逗子のマンションで自殺を遂げたことを伝えている。あわただしく宿を引き上げ、空港へ向けて車で深夜の道を走って鎌倉の川端邸を目指した。

「美は、先生の憩いでもあり、悦びであり、恢復であり、いのちの反映であったと思われる」。川端の没後の追悼文に東山はこう書いたあと、日本の風景と伝統美を通して深く心を通い合わせてきた九歳年長の作家の死を、自らの歩みに重ねて悼んでいる。

〈肉親の全てを失って、ようやく、画家としての私は生れ出た。戦争の終る間際に、死の側から望見して、風景に目を開いた――（略）先生も私も、お互いに、孤独な心と心の巡り合いを、大切にしたい気持が強かったからでもあろう〉（「星離《わか》れ行き」）

まことに、作家とこの日本画家はよく似た生い立ちと芸術家としての人生を歩んできた。その美意識と創造へ向かう孤独な魂を通して、二人には出会うべくして出会ったと見えるほどの共通性が浮かび上がる。

端正で静謐な東山の風景画は川端の作品の豊かな抒情性と響き合って、挿画や本の装丁などでコンビを組んだ多くの作品も残した。川端も東山の画集『京洛四季』に序文を寄せるなど、二人の邂逅は文学と美術というジャンルを超えて、自然と四季の織りなす豊かな情感を列島の遥かな過去から呼び起し、戦後の日本人の心に失われつつある懐かしい風景と伝統という水脈を蘇らせた。

その懇篤な交わりは一九五五（昭和三十）年に始まり、川端の死の前年まで続いた百通を超える往復書簡に残されている。

〈先日は御多忙中をお邪魔致し失礼致しました。日頃の念願が叶ひ、先生にお目にかゝることが出来ました上に貴重な御所蔵の御品々を拝見させて戴きまして、誠に有難く存じます。玉堂の雪景、大雅蕪村の画帖、宗達の蓬、石濤の梅竹を拝見しました。名品の数々が今も眼前に浮んでまゐります。博物館のガラスのケース越しとは違ひ、手にとつて拝見できましたことは、大いに勉強になりました〉

（一九五五年四月十六日付、川端康成宛）

これ以降、折々の互いの仕事や著書の装丁、挿画などの共同作業、内外の旅先からの挨拶や骨董美術を巡る感想、家族の消息に至るまで親密なかかわりが、往復書簡で浮き彫りにされている。伝統と風景への深い共感で結ばれた二人の交流は滞ることなく続いた。

東山が日本画家としての足場を固めたのは一九四七年に『残照』を日展に出展して特選となり、国の買い上げとなってからである。川端が『雪国』を完結させ、心の友だった横光利一の死に際して「僕は日本の山河を魂として君の後を生きてゆく」と決意をうたった年である。

杉木立や夜明け、山並みや湖、日本や欧州などの古い街並み、雪の京都など、東山が描く風景は穏やかな中間色と伸びやかな直線を基調にしている。奇をてらわない平明な構図と淡い色彩のなかの風景は溶け合い、列島の自然への安らかな眼差しとなって、戦後の経済成長の途上にあった日本人の心に大きな慰めとよろこびをもたらし、東山は国民画家の立場を確立してゆく。「風景」を描くことがすなわち、東山にとって自身の人生を描くことであり、その造形はこの国の「戦後」を生きる人々の人生と照応している。その出発点として画家は、戦争末期に応召で滞在していた熊本城からの眺望で得た豊かな風景の感動をあげている。

〈なぜ、あんなにも空が遠く澄んで、連なる山並みが落ちついた威厳に充ち、平野の緑は生き生きと輝き、森の樹々が充実した、たたずまいを示したのだろう。（略）／あの風景が輝いて見えたのは、私に絵を描く望みも、生きる望みも無くなったからである。（略）死を身近に、はっきりと意識する時に、生の姿が強く心に映ったのにちがいない〉（『風景との対話』）

戦争で失われるかもしれない祖国の沃野を前に、自らの若い命の先行さえ定まらない生の暗闇から眺めた、その風景の溢れるような生命感に若い東山は圧倒されるのである。

一九五〇（昭和二十五）年に東山が発表した『道』というよく知られた作品がある。左右の靄に包まれたような薄緑の草原の中央に、一本の灰色の道がまっすぐに貫いている。その先にあるのは淡い青空だけである。観者はその奥行きに誘われるように、道を歩みだしていずこに向かうのかを問いかけられる。「我々はどこから来たのか、我々は何者か、我々はどこへ行くのか」。二十世紀初め、喧躁と欲望のパリから流謫《るたく》されるように、南海の楽園タヒチへ漂泊したポール・ゴーギャンと同じ問いが、この穏やかな日本画の画面から伝わる。東山の戦後の心象の深い水脈が、おそらくこの絵にある。

一見単純で明るい平穏な画面でありながら、そこから伝わるのは人生の根源につながる、深い東洋的な思想性というべきものである。これは具象と抽象、西洋画と日本画といった表現の手法や絵画の領域を超えた、現代絵画の一つの達成であろう。

日本画の技法と「風景」という素材によって、画家はこの国の人々が水墨画や俳画のような伝統のなかに伝えてきた風景と人生の観照という方法を、戦後のめまぐるしい社会の変容のなかで、すぐれて現代的な結構の下に復活させていった。

東山の絵画は国民から圧倒的な共感と支持を集めた。個展が全国で頻繁に開かれ、美術館がにぎわい、美術市場やメディアを通した人気など、際立つ大衆的な美術作品になっていった。このことは戦後になって衰退と変容が問われた日本画の連なりのなかにあって、川端康成の文芸作品が生み出した大衆的な文化表象と同じような効果を、東山の作品が美術の世界にもたらした、と言い換えることもできよう。

東山絵画の「社会化」は、一九六八（昭和四十三）年に完成した皇居宮殿・長和殿の「波の間」に収めるために取り組んだ壁画『朝明けの潮』の制作でひとつのピークをなした。

空襲でそれまであった明治宮殿が焼失したままだった皇居に、新たな宮殿を建設することは戦後の日本が残した大きな課題であった。象徴天皇制という新憲法下の仕組みにふさわしい皇室と国民を結ぶシンボルであり、国の儀式や外交接遇の舞台として日本文化の粋をあらわす建築が求められていた。

建築家の吉村順三の基本設計の下で建設された宮殿は「親愛と平明」を基調とした三万平方メートルの建物で、伝統を踏まえて深い軒を持つ銅瓦葺きの勾配屋根をとり入れるなど、古来の美意識を技術やデザインに生かして造営された。入母屋造りと寄せ棟造りの緑暗色の屋根の下に正殿、豊明殿、長和殿、連翠、千草など七つの棟が配置された。

東山はその長和殿の「波の間」を飾る作品の依頼を受け、三年の歳月を費やして制作に打ち込む。襟裳岬、犬吠埼、潮岬など、「波」のモチーフを求めて全国の海岸を巡り、幅十四メートルにも及ぶこの大作を完成させた。漆黒の岩の周囲に白波を立てた蒼浪がさわぎ、金箔で施した日光がその上辺にきらめいている。雄大で伸びやかな海辺の風景である。

宮殿では東山の大作のほか、奥村土牛、山口蓬春、橋本明治、前田青邨、中村岳陵、福田平八郎といった、画壇の中心をなす日本画家たちの作品が各室を飾っている。この仕事は東山にとってのエポックであったと同時に、経済成長とグローバル化が萌す日本にあって「日本画」という表現様式が「国のかたち」にかかわる、戦後文化の結晶であった。

川端康成のノーベル文学賞受賞とその世界的な反響が投じた波紋とも重り、新たな皇居宮殿に集った日本画の陳列は、歴史の古層から伝えられてきたこの国の伝統的な美意識と拡散する国民の〈祖国〉（パトリ）への眼差しを映す鏡と見ることもできる。

東山魁夷が「日本画」という様式に向き合い、風景との対話を通して日本人の心に奥底から思い出や憧れを呼び起すようになるまでには、西欧の新しい文芸思潮の影響を強く受けていた川端康成が戦時のある時点で受け止めた「啓示」に似た、伝統への目覚めを経験している。「滅び」へ向から戦争末期の祖国の危機をみずからの青春に重ねて、この国の伝統という〈大樹〉に寄り添っていく決意へ導かれる時が、東山にも訪れる。

〈いま、考えて見ても私は風景画家になるという方向に、だんだん追いつめられ、鍛え上げられてきたと云える。人生の旅の中には、いくつかの岐路がある。中学校を卒業する時に画家になる決心をしたこと、しかも、日本画家になる道を選んだのも、一つの大きな岐路であり、戦後、風景画家としての道を歩くようになったのも一つの岐路である〉

東山は一九〇八（明治四十一）年に横浜の船具商の二男として生まれている。幼い日に父母、祖母、姉と肉親を次々失い、喪失感と深い孤独を抱えた青春期を送った川端康成と、その生い立ちや境涯はよく似ている。「閉鎖された自分だけの世界の中に安息を見出す性格が、自然に絵を描かせたのか」（「旅の環」）と振り返っているが、父親の蕩尽によって傾いた家庭でひとり絵画や短歌に親しんだ後、日本画家を目指して東京美術学校（現東京芸大）の日本画科に入学した。

そこで絵を学ぶうちにドイツへの憧れが生じ、二十五歳の時ベルリン大学の美術史学科に入って、ドイツロマン主義などの思潮の影響を受けた。東山の「風景」への強い執着には、この時期のドイツの経験が少なからずかかわっていることがうかがえる。

戦時期の日本で国粋主義的な文化運動として知られた保田與重郎《やすだよじゅうろう》らによる「日本浪曼派」は、伝統や祖国への回帰を求めて神話や歴史を巡る愛国的な表現で知識人や若い芸術家に少なくない精神的な痕跡を残した。この運動がお手本と仰いだのがドイツロマン派の活動であり、東山のドイツ留学の前後には、枢軸国として同盟関係にあったドイツと日本の双方で起きた、こうした祖国を巡る伝統回帰の空気が若い世代の心をとらえつつあった。

カスパル・ダヴィッド・フリードリッヒは十八世紀から十九世紀にかけたドイツロマン派の流れにつながる、北方ドイツの田園や雄大な山並みをパセティックな筆触で描いた画家であり、のちにその作品は民族主義を掲げるナチスドイツの文化政策のなかにも引用されたといわれる。東山はドイツ留学中にこの画家の風景画から大きな霊感を受け、帰国後に発表した「独逸《ドイツ》浪漫派の二巨匠」（『美ノ國』一九三九年）で初めてフリードリッヒを日本に紹介している。後年、東山はその作品への共感と自らへの影響を認めている。

〈カスパル・ダヴィッド・フリードリッヒとは、何か根本的に通じ合うようなところがあるんです。私の好きな絵に、廃墟のような教会が森の中にあって、よく見ると下の方に埋葬する人たちのいる絵があります。細い月が出ていましてね。ああいう絵を見てますと、本当に不思議な親近感を感じます〉（『美と遍歴』）

戦前の東山が国内の国粋的な美学に積極的に近づいたことは認められていないし、戦後に開花する穏やかな風景画は、ヒロイックである種の終末感が漂うフリードリッヒのドイツロマン派風の画風とは、かけ離れているようにも見える。しかし、戦後に日展で特選となって東山の画家への道を開いた『残照』（一九四七年）と、フリードリッヒの描いた山岳風景『リーゼンゲビルゲ』（一九三五年）がきわめて似通った構図で描かれている、とする美術家の中根秀夫の指摘もある。〈風景〉によせる東山の憧れと渇望から伝わってくるのは、気質と時代を通じ合ったドイツロマン派との共鳴音である。

ハイマートローゼ。東山は〈故郷喪失者〉という言葉で自己を規定して、自身の風景へのこだわりを説明している。

〈私は前にもお話したように、ハイマートローゼですから、どこの国の人間も、人間であると言う、いわゆる普遍的な人間性の上に立って、平静に、ものごとを見るということが或る程度、可能なのです〉（『六本の色鉛筆』）

東山の風景画は日本の京都など古都の町並みや信州など国内の自然景観ばかりでなく、ドイツや北欧を中心に欧州など海外の街や景色を描いたものも多い。「故郷喪失者」として画家が描いてきたのは京都の北山の杉木立であれ、ニュールンベルグの石畳の街角であれ、どれもが歳月のなかで失われてゆくものや記憶の奥に横たわる風景を呼び起し、いわば心の内なる仮想の「故郷」を造形したものであったのだろう。だからこそ、戦後の成長のさなかで人々はこの新しい「日本画」に喝采を寄せたのである。

東山の代表的な連作『京洛四季』の画集に寄せた序文で川端康成は、東山が好んで描いた大樹についてこう記している。

〈むかしから古木大樹に生命の深淵を見取る私は、地方にそれをもとめて歩いたこともあつて、東山さんの大樹や樹根の絵に、私の感じやうがある。幾百年、あるひは一、二千年の樹齢の大木を仰ぎ、その樹根に腰かけて、人のいのちの短かさを勿論思はぬでないが、それははかない哀傷ではなく、むしろたくましい精神の不滅、母なる大地との親和、交合が、大樹から私に流れて来る〉

ハイマートローゼ、すなわち故郷喪失者としての東山が選んだ「日本画」は、明治維新以降のこの国の伝統と西欧文化の出会いに伴って独特の発展を遂げてきた技法である。

大陸渡来の宋画や独自の展開を遂げた大和絵などの伝統が、近代化で強まる西洋画の写実主義への対抗的な表現として進化し、紙や絹の画布、面相筆に膠《にかわ》絵具といった、固有の素材を使って西洋絵画とは異なる独自の表現を目指した。線描や非対称的な構図、奥行きのない平面的な画面と自在な曲線表現など、独特の表現でそこに漂う「空気」を再現する手法は日本の風土の反映であり、日本画はこの国の風土と日本人の情緒と響き合いながら歩んできた。

東洋的な美意識を啓発したいわゆるお雇い外国人のアーネスト・フェノロサと卓越した行政手腕を発揮した岡倉天心というプロデューサーを得て、中核的な創造集団として発足した日本美術院がこれを主導してきた経緯は、改めて振り返るまでもなかろう。

「日本画」の歴史が国家や国内の市場の要請に敏感に反応してきたのは、その風土的な特質からある意味では必然でもあった。戦時のいわゆる「彩管報国」と呼ばれた美術の戦争協力に横山大観らの巨匠が積極的にかかわった日本画が、戦後はその経済大国への歩みのなかで国民の失われてゆく伝統のアイデンティティーとして機能した。

西洋画への対抗的な表現として、日本画が技術的にも思想的にも独特の〈進化〉を遂げてきたなかで、東山がその風景に探ってきたのは、現代に生きる人々が共通して抱いている〈ハイマートローゼ〉の感覚なのである。「私の場合はヨーロッパにも故郷を感じる」と東山は述べている。それは国境を越えた故郷喪失者として遍歴してきたこの画家にとって、発見された風景は日本であれ欧州であれ、日本画というジャンルさえ超えて、すべてが失われた〈故郷〉に重なるからにほかならない。

東山魁夷の風景絵画の平明な抒情性とモダニズムは、こうした日本画がたどってきた歴史の先で、戦後の日本人が求める仮想現実としての「故郷」の表象となった。

川端の死で十七年にわたる書簡のやり取りが途絶えた後、東山は一九七〇年代に十年をかけて生涯の大事業となる奈良・唐招提寺の御影堂の障壁画『黄山暁雲』を完成させた。「私は戦後の自分の命を余生とし、余生は自分のものではなく、日本の美の伝統のあらはれであるといふ風に思つて不自然を感じない」という川端の遺した言葉をそのまま生きた東山は、繁栄のなかで仮想の〈故郷〉を求める国民の圧倒的な共感を集めながら、一九九九（平成十一）年の九十一歳の死までを長生した。

雪が降り積もる暮れの京都の町屋の屋根の連なりを描いた『年暮る』。「京都の街は今描いておいていただかないとなくなります」という川端の言葉に促されるようにして、東山はこれを描いた。『京洛四季』の風景に一貫して流れる或る孤独な清浄感は、おそらく伝統と故郷の〈滅び〉という、豊かな社会に忍び寄る〈大樹〉の運命への予感であろう。

遠くへ行きたい――旅する若者たち

ノーベル文学賞のストックホルムの受賞式で川端康成が行った講演「美しい日本の私」が大きな反響を呼んでからしばらく時をおいて、マスメディアからそれまでにない、いささか変わった依頼が川端のもとに舞い込んだ。国鉄、つまり現在のＪＲグループが広告キャンペーンにこの「美しい日本の私」を使わせてほしい、というのである。

面識のあった作家、北條誠に伴われて大手広告代理店、電通のプロデューサーであった藤岡和賀夫が鎌倉の自宅を訪れた。

「実は先生の『美しい日本の私』という講演のタイトルを、国鉄の観光キャンペーンのキャッチフレーズに使わせていただきたいのです」

初見の藤岡がそうきりだすと、川端が大きな目を見開いて問い返した。

「僕が名前をつけると何かいいことがあるのですか」

ややあって川端は「いいでしょう」と答えた。

許されたとはいえ、講演のタイトルをそのまま広告に使うのははばかられるので「美しい日本と私」としたい旨伝えると、その場で川端は筆をとって半紙にそのキャッチフレーズを墨書した。鶴のような痩身に似合わない、例の力のこもった筆跡で「美しい日本と私」と認《したた》めると「ポスターができたら一部送ってくださいね」と言った。

このような経緯で一九七〇年十月、およそ七年に及ぶ広告企画〈DISCOVER JAPAN〉が始まる。これは「鉄道」と「観光」という領域で日本という国の風景と伝統や文化を見直し、主にこうした〈遺産〉を知らないまま育った戦後生まれの若者たちに向けて国内旅行をすすめる、という異色のキャンペーンである。

高度経済成長のもとで、所得倍増計画による消費ブームが国内市場を潤し、普通のサラリーマン所帯でも家電製品から小型の自家用車、海外旅行といった高度な消費が広がっていた。日本航空が〈ジャルパック〉と呼ぶ海外向けの団体旅行を商品化して人気を集めており、若い世代が文化や観光の対象として好んだのはもっぱら欧米など海外だった。

それは日本の若者による世界放浪旅行記『何でも見てやろう』（小田実）や、欧米など海外をさすらう日本の若者の生き方を描いた『青年は荒野をめざす』（五木寛之）など、当時のベストセラーが証明している。のちに堺屋太一が「団塊の世代」と名付ける当時二十歳前後の若者たちの世代は、前年の東大紛争などの学園闘争や世界中で激化するベトナム反戦運動、そしてこの年の日米安保条約の自動延長を巡る反対運動の主役であったが、同時に彼等は膨張する消費社会の担い手として新たな需要を生み出す、大きな集団でもあった。

戦後に生まれて戦前の日本の社会規範や伝統文化を徹底的に排除した民主教育の下で育ったこの世代にとって、欧米、とりわけ戦後の占領体制で圧倒的な影響力をもたらした米国文化こそがあこがれ、模倣すべきモデルとしてあったが、経済成長のさなかに提示された〈DISCOVER JAPAN〉なる〈祖国〉の伝統と歴史への眼差しは、そうしたグローバル化の波の下でむしろ未知の異文化として、ある種の新鮮なエキゾチシズムを伴って受け止められたのである。

東京オリンピックが開催された一九六四（昭和三十九）年に東海道新幹線が開業した。東京と大阪が約三時間（開業時は四時間）で結ばれる一方、高速道路とモータリゼーションの拡大、国内外への航空輸送網の普及などが進んでおり、国鉄のシェアは次第に低下しつつあった。

それにくわえて、高度経済成長に伴い大都市圏への人口移動が著しく進んで、旅客需要が都市部に集中していながら、鉄道輸送の公共性の確保という名目で地方へのいわゆるローカル線の新設がなお続いていたから、その経営は厳しさを増すばかりである。当時の国鉄は日本国有鉄道の名の通り、政府出資の公共企業体である。〈DISCOVER JAPAN〉のキャンペーンが始まったこの時点でも四十三万人もの職員と三兆一千億円もの累積赤字を抱えていたが、後の分割・民営化にいたる経営的な危機感はまだ希薄だった。

「人類の進歩と調和」をうたってその年三月から開催されていた大阪万博は、半年の開催期間中に内外から六千四百二十万人が入場する空前の国家イベントとなったから、その旅客移動は国鉄の経営の斜陽化に一時的にせよ歯止めをかけた。

しかし九月に万博が閉幕してみると、特需を見込んで増強した列車や旅客の動員の空洞を埋める見通しがない。何か国内の旅客の需要を発掘するアイデアはないかと、国鉄が投げかけた問いへの答えがこの〈DISCOVER JAPAN〉であった。

このキャンペーンにはモデルがあった。貿易収支の赤字をはじめ、ベトナム戦争下で経済の低迷をかこっていた米国で、連邦政府が一九六七年に始めた〈バイ・アメリカン〉キャンペーン、米国製品の優先的な消費を国民に呼びかけた運動の一環で、米国の観光地などを国民に紹介して国内の観光消費の拡大を呼び掛けた〈DISCOVER AMERICA〉である。「だから当時は二番煎じといわれ、新手のナショナリズム運動だとも批判され、国土を荒らすという意見もあった」と、藤岡は振り返っている。

〈DISCOVER JAPAN〉の副題のタイトルは最初、自決する前の三島由紀夫に依頼したところ断られ、ノーベル賞で脚光を浴びた川端に頼んで了解を得た〈美しい日本と私〉が採用された。その年十月から始まった広告キャンペーンはポスターから新聞・雑誌・テレビなどの広告やタイアップ記事、テレビの旅行番組とその主題曲、街角の広告塔や広告列車の運行など、あらゆる媒体に及び、期間もそれ以降七年間という空前の長期キャンペーンとなった。その後、人気歌手の山口百恵が歌う『いい日旅立ち』をコンセプトとした第二期が七年間続くのを通算すれば、つごう十四年間にわたる広告キャンペーンである。

一九七〇年十月から全国の国鉄駅や観光地、ホテルなどの宿泊施設で〈DISCOVER JAPAN〉の文字とともに「美しい日本と私」をタイトルにうたったポスターが貼り出され、以降七年間にわたって全国各地の観光地や地方都市、里山や秘境などで撮影した五十種類に及ぶ日本の風景が、ポスターを通して人々の心にこの国の自然と伝統のイメージを作り上げていった。それは、当時の若い世代にとっての新たな〈異郷の発見〉だった。

これらのポスターは「美しい日本と私」の共通タイトルとともに、次のような場所の風景とモデルの写真がそれぞれのキャッチフレーズを付して構成されている。

▽岩手県中尊寺月見坂（杉木立の参道ですれ違う僧と旅の若い女性）
「旅に出ると　心のふるさとがふえます」
▽茨城県板敷山大覚寺（広い庫裏で一人坐禅する若い女性）
「目を閉じて……何を見よう」
▽徳島県祖谷渓蔓橋（古い木の橋を渡る二人の女性の旅人）
「見知らぬ世界に橋をかけよう」
▽滋賀県近江八幡（格子戸の土間越しに着物姿の若い女性が歩く姿）
「商家の軒に、木枯らしが舞う。雪が近い」

高度成長に伴う急激な都市化と過疎化で日本列島がその風景を大きく変える一方、人々の心に失われてゆく伝統や自然景観と、親密な人の絆で結ばれた社会への郷愁が広がっていた。戦後生まれの若い世代にとって、それは生命の記憶の彼方から聞こえてくる遠い音楽のようでもあり、新たに出会った見知らぬ異文化の誘惑にも似ていた。

これらのポスターから伝わるのは、列島の過去の歴史に連綿とつながるこの山河や街並みを旅することで、若い世代が新しい〈私〉を発見するという物語である。とくにその主人公が若い女性であることは、このキャンペーンの背景の見逃せない条件である。

膨張と成熟を続ける日本の消費社会はこの時期、その受け皿としてマスメディアの規模を広げ、新聞、雑誌、出版の部数やテレビを中心とした放送の収益を大きく伸ばした。特に大きな市場を形成する「団塊の世代」を対象にして新たな雑誌や出版、広告の企画が相次ぎ、若い女性向けにこの年創刊された月刊誌『an an』や『nonno』が大きな影響力を持つ媒体として注目されつつあった。〈DISCOVER JAPAN〉がタイアップした、こうした女性誌の旅行記事は若い女性たちに「旅による自己発見」という一つのライフスタイルをもたらし、「新しいファッションで古い街並みを歩く私」という自己演出が消費社会全体のモードにもつながってゆくのである。

日本の伝統や自然が若い世代の眼差しをとらえるようになったことには、ここへ来て敗戦による荒廃と復興から抜け出し、物質的な豊かさを実現しつつあった戦後社会に〈成長への疲弊〉とも呼ぶべき空気が漂い始めたことも関係する。

このキャンペーンのプロデューサーだった藤岡多賀夫は同じ年に、富士ゼロックスという企業の広告に〈モーレツからビューティフルへ〉というキャッチフレーズを打ち出して大きな社会的反響を呼んだ。これはそれまでの経済成長を担ってきた日本の企業社会が、競争に打ち勝つために〈私〉を犠牲にしてまで猛烈に働き続けることを美徳としてきたことに対し、「ビューティフル」という言葉を対置することで正面からそれを否定するメッセージであった。ここでいう「ビューティフル」とは人間的なゆとりや個人の暮らしの充実を意味する。自然や伝統を通した〈美しいもの〉に触れることで、人々にもたらされる心の癒しがその先にある、とみることができる。

同じようにこの時期のテレビ広告で話題を投げかけたのが、翌年の一九七一（昭和四十六）年に放映されたモービル石油の「気楽に行こうよ」である。

田舎道で動かなくなった車を押しながら、当時のヒッピー風の男二人がのんびりと歩いてくる。マイク真木の歌が画面にかぶさる。

〈気楽に行こうよ　俺たちは　焦ってみたって　同じこと／のんびり行こうよ　おれたちは
何とかなるぜ　世の中は〉

この広告のプロデューサー、杉山登志はその後制作に行き詰まり、翌年「リッチでないのにリッチな世界など分かりません。ハッピーでないのにハッピーな世界など描けません」という遺書を残して自死するが、ここにも若者の〈旅〉への憧れとその反転というドラマがある。

現状を否認して彼方の閑雅な世界を憧れるこうした表現が、市場と消費社会の欲望を最も敏感に反映する広告表現の場で顕著になってきた背景には、日本列島の現実を取り巻く風景が経済社会の急激な膨張に伴って大きく変化しつつあった、という事情がある。

公害と過疎という成長社会の陰画である。

すでに富山県の「イタイイタイ病」や三重県の「四日市ぜんそく」が一九六七（昭和四十二）年に企業の工場排水や大気汚染による公害として被害住民から訴訟が起こされるなど、全国に広がる公害は大きな社会問題になっていた。自然やゆとりを求めるこれらの広告がメディアに登場した一九七〇年には、東京で鉛害や光化学スモッグといった、自動車の排気ガスによる大気汚染が相次ぐ住民被害を拡大したほか、静岡県田子の浦港の大昭和製紙工場から排出されたヘドロ公害などが立て続けに起きている。

もっとも深刻な人類への惨禍として、高度成長期の日本で起きた公害を世界に伝えたのは、いうまでもなく熊本県のチッソ水俣工場による水俣病である。

〈海岸線に続く渺々たる岬は、海の中から生まれていた。／岬に生い茂っている松や椿や、その下蔭に流れついている南方産の丈低い喬木類や羊歯の類は、まるで潮を吸って育っているように、しなやかな枝をさし交わしているのだった。そのような樹々に縁どられた海岸線が湾曲しながら、南九州の海と山は茫として、しずかにふかくまじわりあい、むせるような香りをはなっていた〉

一九六八年にようやく被害患者や遺族との補償交渉が始まったこの事件で舞台となった故郷の美しい風景を、作家の石牟礼道子は『苦界浄土』でこう描写した。

大企業の地域への工場進出やモータリゼーションの普及に伴う環境汚染と自然景観の喪失は住民の生命や健康を脅かす大きな危機であり、同時に文化的なアイデンティティーの危機でもあった。伝統と原風景へ回帰を求める人々の心が呼び起されるのである。

〈DISCOVER　JAPAN〉のキャンペーンは、テレビでも人気俳優や文化人が国内各地を旅する番組や広告映像を通して〈日本発見〉を続けてきた。『遠くへ行きたい』のタイトルで現在まで実に四十年以上続いている旅番組もその例である。

〈知らない街を　歩いてみたい／どこか遠くへ　行きたい

知らない海を　ながめていたい／どこか遠くへ　行きたい
遠い街　遠い海　夢はるか　一人旅
愛する人と　めぐり逢いたい／どこか遠くへ　行きたい
愛し合い　信じあい　いつの日か　幸せを
愛する人と　めぐり逢いたい／どこか遠くへ　行きたい〉

永六輔作詞、中村八大作曲のよく知られた主題歌は、「旅する若者」というこの時代が造形した浪漫的でいささか傷つきやすい人間像と、急激な成長と開発で著しい変貌が続いていた日本列島という舞台の空気を伝えて間然とするところがない。そして、彼らが目指した〈遠く〉の場所とは、果たしてどこであったのか。

伝統の空洞化と日本の文化の先行きに絶望して三島由紀夫が自決し、それが引き金となって川端康成も自ら命を絶った。一九七〇年以降の日本は田中角栄の日本列島改造計画で列島の開発にさらに拍車がかかる一方、沖縄返還から石油危機、日中国交回復にベトナム和平とめまぐるしい国際環境の変化のなかで、経済大国となったこの国はおのれの伝統や古い社会規範を拠り所として自覚する場を見失ってゆくことになる。

この世代が見出そうとした〈日本〉は、三島や川端が見出そうとして見出せなかった古来の伝統にもとづく〈日本〉の幻影とは異なるものであった。それは「ここにはないもの」であり「どこかに探しだすもの」であり、どこかの記憶に導かれた「懐かしいもの」であり、遠く憧れる異文化的な「あこがれ」でもあった。つまり、自分たちを取り巻く現状の彼方にある「遠く」の仮構のなかに、彼らの〈日本〉があったのである。

「人間にとって旅とはなにか。それは景色や事物を見ることではなく、それを見ている自分が何者かを知ることではないか」。藤岡は〈DISCOVER JAPAN〉というキャンペーンに託したものをそのように振り返っている。

世代という物差しで見れば「旅する若者」はこの時代、欧米など世界に共通する現象であった。米国では泥沼と化してゆくベトナム戦争への反対運動とロック音楽など対抗文化の広がりを背景に、ヒッピームーブメントを通した異文化や東洋的世界への関心が高まり、長髪や顎ひげ、ジーンズファッションなどの世代的な風俗とともに、インドやほかのアジア各地を旅して歩く若者がひとつの時代の風景となっていった。〈ザ・ビートルズ〉の音楽をはじめ、新たな表現やライフスタイルを求めた若者たちの眼差しの向かったところは「ここではないどこか」という、国家や民族を越えた仮想的なユートピアである。

〈想像してごらん　天国なんて存在しないと／想像しようとすれば簡単だよ
僕達の下に地獄なんて無いんだ／ふり仰げば空があるだけさ
想像してごらん　すべての人々が／現在を生きているんだと…

想像してごらん　国境なんて存在しないと／そう思うのは難しいことじゃない
殺す理由も　死ぬ理由もない／宗教なんてものも存在しない
想像してごらん　すべての人々が／平和のうちに暮らしていると…〉
（ジョン・レノン『イマジン』平田良子訳）

これまであった世界への確信の崩壊と、国家も宗教も超えた「もう一つの世界」へのあこがれ。それは世代横断的な、大きな時代の波であった。

奈良の飛鳥の里や飛騨の高山の合掌造りの集落、北海道の海岸の鰊《にしん》の番屋や玄界灘の落日など、列島の四季を彩る風景は高度成長期の息苦しさのなかにある若い世代にとって、新たな〈トポス〉の発見であり、もう一つの〈異国〉への旅の始まりでもあった。

第二章

高度成長と〈パトリ〉

万博と日本の原郷——岡本太郎の〈爆発〉

一九七〇年三月十五日から九月十三日まで、「人類の進歩と調和」をテーマに大阪・千里丘陵の会場で開かれた日本万国博覧会（大阪万博）は六ヶ月の期間中に六千四百二十一万八千七百七十人という空前の入場者を記録した。国民のおよそ二人に一人が入場した計算である。豊かな社会へ突き進む高度成長時代の火照りが列島を包み込んでいた。

三百八十ヘクタールという広大な会場敷地中央の約一キロにわたってシンボルゾーンが設けられ、お祭り広場や今も残るシンボルの「太陽の塔」、各テーマ館、エキスポタワーなどが配置された。ここから四方に「動く歩道」がつながり、入場者は全体で百十六にのぼるパビリオン群を巡り歩くという設計である。巨大なマルチスクリーンの映像や音声認識のロボット、自動制御で衝突を回避する自動車やのちの携帯電話につながる移動体通信技術など、各企業館の展示や会場運営には当時の最先端の技術が組み込まれていた。

海外からは七十六ヶ国の政府、四つの国際機関などが参加したが、アポロ十一号が人類初の月面着陸を果たして持ち帰った「月の石」を展示するアメリカ館には連日長蛇の列ができた。科学技術と文明の未来に対する人々の迷いのない期待が、そこにはあった。

もっとも、経済成長と科学技術の進歩が人類の豊かな未来を切り拓くというこの博覧会に漲る楽天的な確信は、会場のシンボルである「太陽の塔」の設計者の岡本太郎の思想とはむしろ相反するものだった。岡本はそうした直線的な文明観を根底から疑い、「進歩と調和」を批判するところからこの奇矯な意匠の塔をデザインしたのであった。

〈私の担当するテーマ館には、何か見る人の心の奥底にグンとこたえてくる根源の重みをうちすえたい。作りもの、見せものの強烈な色・光・音に、耳目がさらわれて、存在としての人間が空しくなってしまっては意味がない。未来への夢に浮き上ってゆく近代主義に対決して、ここだけはわれわれの底にひそむ無言で絶対的充実感をつきつけるべきだ〉

(『世界の仮面と神像』)

大阪万博は事務局の代表を財界の石坂泰三が務め、通産省（現経産省）が中心となって官民から集まったスタッフが実際の企画や運営を担った。会場の総合設計にはモダニズムを代表する建築家の丹下健三があたり、メタボリズム（新陳代謝）という設計思想を掲げた黒川紀章や菊竹清訓ら若い建築家が新しい技術を駆使した材質と機能、デザインを競った。斬新で奇抜なパビリオンや会場設備が並んだ。

こうしたなかでテーマ館のプロデューサーに招かれた岡本は、モダニズムと合理主義のもとに計画された、整合的な会場施設の設計思想を根本から覆すような、挑戦的で原始的エネルギーが迸《ほとばし》る「太陽の塔」を構築するのである。

テーマ館からお祭り広場の上空は、丹下健三が設計した幅百メートル、高さ三十メートル、長さ二百九十二メートルという大屋根が蔽う。高さ七十メートル、直径二十メートルの「太陽の塔」はその大屋根の天井を突き破って空に伸びている。この構造自体が、すでに岡本の挑戦的な思想を体現している。それは大阪万博という、歴史的な国家イベントの中心理念とその会場や展示が伝える技術文明のありかたを批判した、まことに対決的な構築ということができる。「太陽の塔」は、頂点に置かれた黄金の顔と、両手を広げた土偶のような胴部の中央に刻まれた巨大なもう一つの顔によって強いインパクトを人々に与えた。未開社会のトーテムを思わせる奇抜でエネルギッシュな造形は、岡本が一貫して追求してきた人間の根源的な生命力の表象であり、「近代」という秩序に対する正面からの批判の表現であった。

上空を蔽う大屋根の広大な平面を突き抜け、安定から逸脱して周囲の風景と折り合わないアンバランスな突出こそ、岡本が意図したこの塔の異化効果であった。

〈いたるところに近代主義的な機械でつくったようなものばかりならべて、得意になって〝進歩と調和〟とかいっていた。ぼくはテーマ・プロデューサーでありながら、テーマの反対をやったわけだ。人間は進歩していない。逆に破滅に向かっているとおもう。調和といってごまかすよりも、むしろ純粋に闘いあわなきゃならないというのがぼくの主義で、モダンなものにたいして反対なものをつきだした。丹下健三の建てた大屋根はメカニックなものだけれども、それにたいして屋根をぶち抜いて、まったく根源的な感じのものを。けんかじゃない、うれしい闘いをやったわけ。アンチ・ハーモニーこそ本当の調和ですよ〉

（梅棹忠夫との対談「人間の根源的な生命力」）

「太陽の塔」はその内部の仕掛けも、岡本の強い文明批判を仕組んで設計された。人類の過去を生命の根源をなすたんぱく質やDNAの模型で展示する地下の「いのち」から、世界の民族の仮面や偶像の陳列で紹介する「いのり」、そして人類の誕生に至る進化の過程をアメーバや魚類、爬虫類などの生物模型でたどる「生命の樹」へと、観客は歩み上ってゆく。人々はここで人類の進歩の歩みというよりも、生物的で土俗的な人類の生命の源への遡行を経験するのである。

もっとも岡本ばかりでなく、「進歩と調和」という万博の基本理念と国を挙げた祝祭への国民の動員には少なくない批判がほかにもあった。この年は三月に「赤軍派」を名乗る過激派の学生が日航機「よど」号をハイジャックして北朝鮮へ亡命する事件があり、日米安保条約の自動延長を政治争点に野党勢力や新左翼系の学生たちの反対運動が激しさを増していた。

左右のイデオロギーの対立はまだ熱を持っており、大阪万博に対しても「反博」をスローガンに開催に反対する動きがあった。パビリオンの展示にかかわる芸術家も多様な主張と表現を持ち込んで、科学技術の発展による「バラ色の未来」の演出に異を唱える声も多かった。岡本の「太陽の塔」はそうした対立を映した作品でもあった。

六年前の一九六四年にアジア初の東京五輪が開催され、戦後日本の復興と成長が世界に印象づけられた。これに続いて「万国博開催」が日本の次の国家的なイベントとして政府や産業界の俎上に上った背景には、戦前に「皇紀二六〇〇年」（一九四〇年）を記念する万博が計画されながら、戦時体制により「無期延期」となった歴史がある。

明治の開国からおよそ百年目を迎えた一九七〇年の節目にあたり、戦後日本の経済発展と科学技術の水準を世界に示す場として、果たせなかった万博開催の夢が具体化し始めるのである。開催地の候補になったのが大阪であった。

東京五輪が開かれた年の春、「万国博を考える会」が大阪に発足している。民族学の梅棹忠夫や社会学の加藤秀俊、ＳＦ作家の小松左京らがメンバーとなって、博覧会の基本理念やテーマの設定などを検討するなかで、テーマ館のプロデューサーとして小松が強く推したのが岡本太郎であった。万博という国家イベントの演出者としてはいかにも過激であり、美術家としても異端であった岡本を敢えて起用し、六年後に実現した万博のシンボルの「太陽の塔」を目の当たりにした時の印象を、小松は次のように振り返っている。

〈その相貌は、ある人はアジア的といい、ある人はアフリカ的といった。だが、私はそんな地域とは関係なく、十九世紀から二十世紀へかけて、人類世界を席巻したように見えた西欧近代文明に対し、二十世紀後半になって、再び私たちの「世界」によみがえり、未来へむかって参加しはじめた、「近代以前」のすべての世界の「顔」を象徴しているように思えた〉

（「〝太陽の塔〟そして…」）

岡本太郎は自由なコスモポリット（国際人）であった。

岡本一平とかの子という著名な芸術家の両親の下に生まれ、十九歳で渡仏してパリ大学で美学と民族学を学んだ。ピカソとの出会いに大きな影響を受けるが、ジョルジュ・バタイユとの交友などを通して『痛ましき腕』などの抽象絵画に独自の境地を開いた。

戦時期は召集を受けて、兵卒として従軍した中国大陸では収容所生活も送った。戦後復員したのちは「対極主義」を掲げて、平面と立体、舞台、写真などジャンルを突き抜けた挑戦的な活動を繰り広げた。生命の根源へ遡行するような、それからのエネルギッシュな主題の展開は、若い日の民族学や人類学の蓄積に多くを負っている。

フィールドワークで深めた日本の文化への視点は、縄文文化や沖縄など辺境から原始的な生命の力を掘り起こす方向に向かわせた。「もののあはれ」や様式の美学とは対極的な、日本列島の民族の「原郷」を探し求めて、もう一つの伝統へアプローチするのである。

「太陽の塔」の古代人のような顔と逞しい胴体の巨大なオブジェは、まさに岡本が幻視するような、生命と力が漲る古来の日本の〈伝統〉を造形したものであった。

平安朝の繊細優雅も、近世から近代へ向けた侘びさびの美学も、表層の日本文化はおしなべて大陸から輸入された文化の枝葉の広がりであり、「大地に根を張った生命力と生活的な厚みを感じさせない」と岡本は指摘している。そこには「伝統」を洗練という名の衰弱ではなくて、生命の豊饒と盛衰、代謝と再生に求める、強靭な美への眼差しがある。

〈人間文化のすばらしさは、それが人間のいのちとともにひらき、そして消滅してゆく、重み、深さにある。／たまたま奈良・京都などを訪れて私が感嘆するのは、宏壮な東大寺をふり仰いだり、平安神宮の境内に立つときではない。小高い丘から奈良盆地を眺める茫漠としたひろがり。今こそなんの面影もとどめていない、がかつて、われわれの祖先が激しくおこり、からみあい、滅亡した、その無の空間にかえって無限の彩りを感銘する。(略)私は昔の文化を讃える。それは滅亡した、しているからである〉

(『日本発見』)

科学技術と合理主義の優位に正面から異を唱え、現状との対決を際立たせる岡本のこうした過激な文明観を、万博という国家的なイベントの空間に折合わせて組み込んでいった演出者は、「万国博を考える会」の人類学者の梅棹忠夫やSF作家の小松左京である。

梅棹は『文明の生態史観』で地球を自然と生態系で捉えることにより、人間の文明がそれぞれの条件の下で自生的に分布してきたという歴史観を示して衝撃をもたらした。西欧の近代というモデルへの追随が一種の強迫観念となり、そのパラダイムに支配されてきた日本人にとって、それは目から鱗が落ちるような歴史観の視点の転換であり、同時に日本の文化や伝統の独創性に対する国民の自負をいかばかりか回復させた。

主にアジアを中心にさまざまな文明のフィールドワークを重ねてきた梅棹は、この著作の冒頭で日本について次のように述べている。

〈日本におけるさまざまな社会事象が、他のアジア諸国よりもむしろ西ヨーロッパに似ているということは事実であろう。しかし、だからといって、日本は西ヨーロッパだ、ということにはならない。むこうから、あなたはわれわれの仲間だ、といって、むかえにきてくれるわけはない。社会構造がいくらにていても、文化の系譜は、ヨーロッパと日本ではまったくちがうからである〉

（「東と西のあいだ」）

近代の日本を〈西欧〉という先行する文明を追いかけて発展してきたとする、近代化のモデルが支配してきた戦後社会にあって、気候や風土などの「生態」から地球文明の進化を論じた『文明の生態史観』は大きな論争を巻き起こすとともに、経済成長の坂を登りつつある日本人に足元への自信と民族的なアイデンティティーへの自覚を促した。

梅棹は一九五五（昭和三十）年の五月から半年にわたり、アフガニスタンやパキスタン、インドを調査旅行する。それらを通して地域による固有の歴史進化があることを「遷移」（サクセッション）という言葉で説明したのがこの論文である。このなかで梅棹は、地球の両端に高度な近代文明を持つ西欧と日本の「第一地域」、その間にはさまれて古来四大文明を生み出してきた地中海、イスラム、ロシア、中国、インドのユーラシアを「第二地域」と振り分けている。そして、その第二地域の文明が蓄えた富をもとに安定的に「平行進化」することで、そこから離れた第一地域は近代文明の優位性を手にしたというのである。

文明を相対化して再定義することによって、「日本」という文明の生成発展の由来を説いた梅棹が、万博のテーマ設定や展示のブレーンとして演じた役割は大きかった。

岡本の「太陽の塔」には、文明が「進歩」ばかりでなく「衰亡」もはらんでいるという危機のメッセージが重ねられている。「進歩と調和」というテーマは科学技術の進展と人間への限りない信頼に裏付けられた「バラ色の未来」を予感させる。しかし、この万博で強く打ち出されたメタボリズム（新陳代謝）の建築思想にみられるように、地球環境の危機や公害問題の広がりなどが多くの人々に共有されつつある時代でもあった。

〈戦争〉もまた「太陽の塔」に込められた文明の陰画の重要な主題であった。

大阪万博における「太陽の塔」の建設と並行して、岡本はメキシコのホテルから依頼を受けた長さ三十メートルにおよぶ巨大な壁画の制作に取り組んでいる。メキシコの美術と造形の持つ強い生命力と、その背後にある生々しい死生観に深い関心を持ち続けてきた岡本はその依頼に応じて、この大作に取り組んだ。

それが近年発掘されて東京・渋谷駅の通路の壁面を飾っている『明日の神話』である。この壁画の主題はホテルのロビーを飾るという依頼の目的にはそぐわない、原爆によって生命を奪われる人々の姿である。岡本は一九五四年に南太平洋のビキニ環礁で行われた米国の水爆実験で被爆した第五福竜丸事件を題材にした絵画『燃える人』を発表している。『瞬間』と題した原爆の炸裂を描いた作品もある。

〈原爆は今日の生活の最も大きな問題である。広島の最初の投下に遭遇したもの、また幾つかの実験に立ち会ったもの以外、ほとんどの人間がその実態を見てはいない。しかしその、見たことのない原爆は、人間の生活全体をゆさぶり、戦争の不安、死の灰、放射能雨、はては人類の破滅、地球の終末というように、われわれをおびやかしている〉

（「死の灰」）

核の脅威の告発は二十世紀の〈文明〉の先行きへ向けた岡本の重い主題であった。長引くベトナム戦争で米軍の北ベトナムへの侵攻は、最新兵器による空爆によって夥しい死者と国土の破壊を繰り返していた。大阪万博が開かれたのはそのさなかであった。

一九六七年四月三日付の『ワシントンポスト』紙上に〈殺すな〉という日本語のメッセージを岡本が図案化して掲載した反戦意見広告は、〈文明〉という大義の下で行われる現代の戦争の悲惨と反人道性を告発している。そこに「軍隊生活四年。収容所での一年。あの五年間、私は冷凍されていたような気がする。我が人生で、あれほど空しかったことはない」と自ら振り返っている戦争体験が裏打ちされていることは、いうまでもない。

万博から二年後の一九七二年にローマクラブが人口爆発や環境問題、資源の枯渇の深刻化など地球環境の危機を指摘して「成長の限界」の警鐘を鳴らした。それを先取りするような動きが列島各地ですでにあらわれていた。岡本太郎が『太陽の塔』で提起した文明への問いは、次第に現実味を帯びて顕在化してくるのである。

小松左京らによる「万国博を考える会」は基本理念とテーマの基礎方針やテーマ館建設の必要性を打ち出し、そのプロデューサーに岡本太郎を推薦する意見を示したところで役割を終えたとして、解散する。その後に小松は岡本の下でサブプロデューサーを務めるが、この集団を母胎にして後に「未来学研究会」が発足している。

未来予測を多角的な領域から行う学問として欧米で注目されていた「未来学」を通して、科学文明に導かれた日本社会の明るい先行きを予測することが目的だったが、万博の後に小松が書いてベストセラーになったのは『日本沈没』という深刻な近未来小説だった。

これは日本が人口減に転じた近未来のある時点で、日本海溝に亀裂が走りだし、地殻変動による乱泥流に巨大地震が重なって日本列島が水没するという衝撃的な物語である。国民は次々脱出して国外に移住し、流浪の民となる。三十年の歳月を経て東日本大震災を経験した現在から改めて読めば、その筋書きはあながち荒唐無稽とばかりはいえまい。

岡本太郎は万博を終えたのち、成熟する消費社会のトリックスターとも呼ぶべき役割を引き受けてテレビのCMやメディアのなかの「タレント」として活躍する。

ウィスキーのCMに登場して「グラスの底に顔があってもいいじゃないか」と自らデザインしたグラスに語りかける。「芸術は爆発だ」というキャッチフレーズになった台詞は岡本の生涯を最も簡潔に表現した台詞かもしれない。

産業社会における専業の芸術家という存在を「卑しい」とまで批判した岡本は、あえてテレビや若者向けの雑誌に生身をさらして「変なおじさん」を演じてみせた。米国のポップアーティストのアンディ・ウォーホルを彷彿とさせるこうした行動は、それ自体が一つの文明批評であったのだろうか。

〈今日の芸術は、
うまくあってはいけない。
きれいであってはならない。
ここちよくあってはならない。〉
（『今日の芸術』）

二〇一一（平成二十三）年春、岡本太郎の生誕百年を記念した展覧会が東京国立近代美術館で開かれた。初期のフランス時代の抽象画から、戦後の「対決」を前面に押し出した作品、そして万博の「太陽の塔」のミニチュアから「座ることを拒否する椅子」などの前衛的な寓意を重ねた作品、さらにはＣＭの映像までを展示した会場には、〈ＴＡＲＯ〉を知らない若い世代が詰めかけて懐古的なブームとなった。

それにしても、岡本太郎の「太陽の塔」がはらむ重い問いと大阪万博の手放しの楽観のアンビバレントはいま何を語ろうとしているのか。一九七〇年という時代と、そこに刻み込まれた〈日本〉という表象が投げかけるこの世紀の深い亀裂が横たわる。

カリスマ沈黙——丸山眞男をめぐって

一九七〇年の日米安全保障条約の自動延長阻止を目標にした日本の学生運動は、泥沼化する米国のベトナム戦争への抗議と大学自治の現状への激しい批判へ対象を広げて、特に新左翼各派と無党派学生による全共闘運動を全国で激化させた。大学の封鎖や街頭での激しいデモばかりでなく、武装した学生らは〈戦後民主主義〉の擁護と社会秩序の維持を訴える、いわゆる進歩派の大学教員や知識人を「体制の抑圧者」として糾弾した。そのシンボルとなったのが東大法学部教授で戦後の進歩派論壇を主導した丸山眞男である。

〈七〇年安保〉の前年の一九六九年一月十八日、東京・神田地区を占拠した学生らの支援で本郷の東大安田講堂に立てこもった全共闘学生に対し、入試の実施を危ぶんだ大学当局は警視庁に機動隊の出動を要請、抵抗する学生に対し四千発の催涙ガス弾などで翌日封鎖を解除し、三百七十四人の学生が逮捕された。本郷の東大キャンパスで丸山が学生らから〈つるしあげ〉

に遭ったのは、その封鎖解除の余燼もさめない二月二十四日である。

教室へ向かおうと銀杏並木を歩いていた丸山を、待ち構えていた四十人ほどのヘルメットにタオルで覆面をした全共闘学生が取り囲んだ。「進歩的教官」を糾弾するという学生に丸山は「とにかく教室の中で話そう」といったが、そのまま文学部の階段教室へ拉致されて、およそ二時間にわたって軟禁状態にされた。

学生は百人以上に膨れ上がっていた。講壇の下の席に座らされて詰問が始まった。「こういう強制的に連れてこられた状況では発言しない」「黙秘するのは私の原則です」という丸山に対し、学生は「黙秘して機動隊を呼ぶつもりだろう」などと反論した。「丸山教授は形式的原則に固執して、われわれの追及への実質的な回答を回避している」「人生は形式です」「機動隊導入は私の権限ではありません」「あんたは自分の本で、権限への逃避を日本の支配層の特色としている。あんたの言葉はそれと同じではないか」「権限がないと言っているのであって、責任がないとは言っていない。権限と責任とはちがいます」

封鎖が解除されたあとの研究室に入ってみて、丸山は書棚の蔵書類が足の踏み場もないほど無残に投げ出されて放水を浴び、踏みつけられているのを目の当たりにした。「こんなことはナチスや日本の軍部さえやらなかったことだ」と感慨を漏らしたことがのちに伝わり、全共闘学生をさらに激高させた。

丸山はそれから二度、三度と全共闘学生のつるしあげにあい、それが原因で体調を崩して入院する。そして安保条約が自動延長された翌年の一九七一年三月、定年まで数年を残して東大を退職した。ジャーナリズムの花形は舞台の言論活動の表面からも退くとともに、専門の日本政治思想史研究に余生をあてがい、一九九六年に八十二歳で生涯を閉じた。

一九六九年冬の全共闘学生による拉致と追及のあとに表舞台から去ったこの論壇のカリスマは、敗戦直後の一九四六年に天皇制国家を論じた『超国家主義の論理と心理』で颯爽とジャーナリズムに登場した。日本を破局に導いた軍国主義の支配原理となる〈国体〉という観念の分析を通して、この国のナショナリズムの特質を論じた著作は、戦後の日本が新たな民主主義国家への道を歩む上での輝かしい起点と受け止められた。

ここで丸山が戦前の日本の「超国家主義」の著しい特色としてあげているのは、欧州の近代国家が真理や道徳といった倫理的価値について中立的な立場を貫いて、教会や個人にその価値判断を委ねているのに対し、公私の区別なく私的利害が国家に飲み込まれるという、主体意識を欠いた日本社会の構造である。

〈今年（一九四六年＝引用者注）初頭の詔勅で天皇の神性が否定されるその日まで、日本には信仰の自由はそもそも存立の地盤がなかったのである〉

戦前の日本という国家を破綻へ導いた〈国体〉という考え方のゆがみを、西欧近代国家との比較で論じたこの論文をきっかけに、少壮の政治学者は戦後の民主主義という新たな原理のもとで再生した日本を導くシンボルに押し上げられてゆく。

東大で将来を嘱望される若いリベラルな学徒だった丸山が「戦後民主主義のカリスマ」になっていくこうした背景には、戦時中に自ら一兵卒として出征した軍隊を通して〈天皇制国家〉の暴威を直接経験したことがある。インテリも庶民もいったん軍隊に編入されればひとつの秩序に組み込まれて、否応なく上官の命令に従う空間は、丸山にとっての異文化経験であり、だからこそ敗戦のイメージを具体的に描くことができなかった。

〈さらにわれわれは、今次の戦争における、中国やヒリッピンでの日本軍の暴虐な振舞についても、その責任の所在はともかく、直接の下手人は一般兵隊であったという痛ましい事実から目を蔽ってはならぬ〉

天皇を頂点とする伝統的な価値が深く国民の意識の中に刷り込まれていて、それが社会全体を動かす〈思想〉となり、軍隊組織の末端にまで浸透するこの国の固有の精神構造を、丸山はこれらの著作で明らかにすることによって「民主主義」への道筋を説いた。

敗戦は個人の内面にまで浸透して支配する戦前の国粋主義の価値観を全面的に否定し、その反発力は占領と新たな憲法の下で民主主義の理念の実現へ向かう戦後の革新勢力に圧倒的な影響力をもたらした。物心が一体化して人々を支配する国家主義の価値観を否定し、合理的な近代システムを求める啓蒙的な指導者の代表が、丸山眞男であった。

しかし日本が戦後の独立を回復し、復興と経済大国への道を歩むにつれて、こうした啓蒙的な知識人の立場には微妙な陰りが生じる。その背景の一つは、国際社会への復帰と驚異的な経済成長によって対外的な自信を回復した日本に、自国の伝統と歴史に対する自覚が芽生えたことである。ナショナリズムの新たな土壌が広がっていた。

一九六〇（昭和三十五）年、丸山ら進歩派の知識人が革新政党や市民を主導した反対運動で国論を二分した日米安保条約の改定が国会で成立したあと、一九六四（昭和三十九）年にアジアでは初めて東京オリンピックが開催されて、日本が戦後からの復興と経済大国への道を歩みつつあることを国際社会に印象付けた。新幹線や東名高速道など社会基盤の整備とともに、国民所得の増大に伴う高度消費社会の広がりは、国民の間に対外的な自信と文化的なアイデンティティーを求める空気を取り戻すことにもつながってゆく。

東大紛争の直後のキャンパスで戦後民主主義を擁護する政治的、思想的なカリスマだった丸山眞男を激しく糾弾し、やがて舞台から退場させた全共闘学生たちに大きな影響を与えたのが、日米安保条約改定をめぐって革新政党やそれに同調する知識人に仮借ない批判を繰り広げてきた、詩人で評論家の吉本隆明である。

〈内心での戦争反対と、外からの戦争強制とを、ほとんど完璧な二重操作として使いわけねばならなかったすべてのリベラルな、そして、ある意味では特殊な、戦争期の知識人の典型であった丸山真男にとって、日本の大衆は、この二重操作をぎりぎりまでじぶんに迫った「下手人」としてうつった。そして、これをあやつったのは国家権力であったが、手先となった直接の当体は、大衆そのものであるという認識が深く戦争期に刻印された。この潜在的なモチーフは、戦後の丸山のすべての業績に、ふかく浸透しているとおもえる〉（「丸山真男論」）

「自由な個人」という主体のもとで発展した西欧近代の民主主義国家をモデルとして、戦後の日本をその後発性から脱皮させて真正の民主主義に導こうという、その啓蒙的知性への批判で吉本が拠り所としたのが「大衆の原像」という視点であった。

丸山が軍隊組織の内部で経験した不条理は、まさに西欧的な「個人」とは異なるこの国の「大衆」によって生み出され、それは戦後の経済成長のもとで自由と豊かさを「私生活優先主義」のなかに謳歌する日本人にも連綿とつながっている、というナショナリズムへの認識が吉本の丸山批判には込められている。

〈大衆のナショナルな体験と、大衆によって把握された日本の「ナショナリズム」は、再現不可能性のなかに実相があるものと見做される。このことは、大衆がそれ自体としては、すべての時代をつうじて歴史を動かす動因であったにもかかわらず、歴史そのもののなかに虚像として以外に登場しえない所以であるということができよう〉（「日本のナショナリズム」）

ナショナリズムという、高度経済成長社会に埋没していた地下水を掘り起こすことによって、吉本は丸山をはじめとする戦後の啓蒙的知識人の言説の虚構性を撃ったのである。

もっともこの時期、こうした歴史と伝統の見直しへの機運は明治維新から百年という歴史の節目を背景にして、マスメディアや言論の場で静かな広がりをみせていた。

東日本大震災から一年近い時間が過ぎ去った二〇一一（平成二十三）年の冬、立ち寄った東京・早稲田の古書店のカウンターの、脇に積まれていた古雑誌の山に月刊誌『展望』の一九六五年十月号があり、その特集のタイトルにある懐かしさを誘われて、赤茶けた表紙のその雑誌を買った。ほぼ私と同世代と思しい店主は事務的な表情で売り値を「百円」と言って、無表情に包んで手渡してくれた。

かつて読んだはずのこの号に特集されている〈ナショナリズム〉という主題が、二十一世紀の未曾有の大災害のあとのこの国に広がる〈絆〉という言葉と響き合って、国土と国民をつなぐ情念がおよそ半世紀前の時代にどう重なるのか、という漠とした問いが湧いたのである。誌面にはそうした時代の風景がくっきりとした輪郭で映しだされている。

もともと『展望』は戦後間もなく創刊された総合雑誌で、いったん休刊した後にこの前年、筑摩書房から復刊された。『世界』や『中央公論』、『文藝春秋』などとは異なる、独特の知的雰囲気と光彩を放って、当時の知識層や学生に読者を集めていた。

一九六五年十月号のラインナップを紹介してみる。

▽日本ナショナリズム論の視点　上山春平
▽美学におけるナショナリズム　梅原猛
▽戦後思想の荒廃　吉本隆明
▽冷戦的思考をこえるために　R・P・ドーア　坂本義和
▽日本の原子力・六つの危険　邦光史郎
▽日本的世論　今日出海
▽崔翁高斎　吉川幸次郎
▽宴　糸魚川浩

一九六八（昭和四十三）年が明治維新から百年の節目に当たることから、「明治百年か戦後二十五年か」が論壇の争点となり、敗戦によって日本の近代化を否定的にとらえてきた戦後の歴史観への見直しがジャーナリズムに広がっていた。『展望』十月号が特集している〈ナショナリズム〉は、そのような文脈の下でこの時期に新たなアジェンダとして浮上しつつある主題であり、俎上に上っている「主役」の一人がほかならぬ丸山眞男であった。

〈私たちは、ナショナリズムの勃興から最盛期をへて衰滅にいたるサイクルをすでに経験してしまったという点で、目下勃興期を経験しつつあるアジア・アフリカ諸国と区別される。この事実は、私たちがナショナリズムのエネルギーを既に使いはたしてしまったことを意味するのだろうか〉

巻頭論文でこう問いかけた哲学者の上山春平は「天皇を中心とし、それからのさまざまの距離において万民が翼賛するという事態を一つの同心円で表現するならば、その中心は点ではなくして実は垂直に貫く一つの縦軸にほかならぬ」という丸山の天皇制分析に、アジアの近代化への偏見に基づく〈ゆがみ〉を認めて批判している。その上で対置されるのは、この時期に進歩的文化人と呼ばれた丸山らを厳しく糾弾する全共闘の学生らの強い支持を得ていた、在野の思想家の吉本隆明である。

吉本は戦前の日本社会で国民に親しまれた詩歌や歌曲を通して、日本のナショナリズムのありかを探った。西條八十の「かなりや」や三木露風の「紅蜻蛉《あかとんぼ》」といった、大正期に登場して親しまれた唱歌や流行歌の歌詞を手がかりにした「大衆の原像」という視点は、丸山が天皇制を分析するなかで西欧近代国家をモデルにして否定的に読み解こうとした日本ナショナリズム論に対する根底からの批判であった。

そこに表れたナショナリズムの表象を、社会が超国家主義へ移行してゆくなかで人々にもたらされた「現実乖離」の結果、と吉本はみた。古い共同体のなかに生きてきた情緒がもはや根拠を失い、ナショナリズムはいわば空中分解して「失われた過去」への郷愁へ向かったのであって、丸山が見立てたように天皇制の国家原理へ単純に統合されていったわけではない、と指摘したのである。

その上で吉本は日本のナショナリズムの核心を本居宣長らの国学に遡る自然思想に求めて、そこに映される「大衆の原像」を自然や伝統に根ざして過去から連なる、日本人の生活感覚の土着的な広がりのうちにとらえた。それは、戦前の天皇制国家と国民のかかわりを問い直すとともに、戦後社会に持続する日本人の内なる〈パトリ〉の由来を巡って新たな論点を示すものであった。

〈思想の梯子を下の方へ下れば、生活思想そのものを動物的むしろ植物的にまで解体させるような山川草木・花鳥風月の「自然」であり、そして政治思想にまで結晶すれば「天皇制」としてあらわれるような「自然」思想である〉

（「日本のナショナリズムについて」）

吉本が依拠した〈大衆の原像〉に重なる「前近代的な紐帯と感情」と、国民国家という近代的な枠組みのもとで盛衰するナショナリズムとのかかわりを、英国の歴史社会学者のアントニー・D・スミスは「エトニ」（エスニックな共同体）という概念で説明する。

〈ナショナリズムがかかえている主題や形態が、いかに古い時代から形成されてきたのか、またナショナリズムとそれ以前のエスニックな紐帯や感情との結びつきは、どれほど前に成立したのか、といった点をみなければならない〉（『ネイションとエスニシティ』巣山靖司他訳）

近代におけるナショナリズムをそれ以前のエスニックな共同体から生み出された神話、象徴、記憶、価値などとの連続性から読み解くという点で、スミスのこの理解は例えばベネディクト・アンダーソンらが展開した、近代のナショナリズムが〈伝統〉という観念を呼び出すことでもっぱら〈創出されたもの〉とする立場への批判と読むこともできる。

「ネイション」と呼ばれる西欧で生まれた近代国家のモデルを構成するナショナルアイデンティティーの重要な要素として、スミスは歴史的な記憶や連想の宝庫としての〈homeland〉（故国）と、共通の法・制度や政治的感情に結ばれたpatria（わが国）をあげている。近代以前に広がる「エトニ」とこの「ネイション」とを繋ぐものとして、歴史の記憶や共有されてきた伝統に強い生命力を見出していくのである。〈パトリ〉(祖国、郷土)という拠り所はこの二つのアイデンティティーを繋ぐ要の機能を担うのである。

丸山眞男は天皇制と軍国主義を結んだ近代日本のナショナリズムの分析を通して、このような近代以前のエスニックな伝統が、民族的な情念と結びついた近代への連続性の下で「日本帝国の膨張はそのまま自我の拡大として熱狂的に支持せられ」て超国家主義へ至ったとして、それを後発的な近代国家の〈跛行性〉という観点から批判している。

〈まず第一に指摘されなければならないことは、日本のナショナリズムの精神構造においては国家は自我がその中に埋没しているような第一次的グループ(家族や部落)の直接的延長として表象される傾向が強く、祖国愛はすぐれて環境愛としての郷土愛として発現するということである〉(「日本におけるナショナリズム」)

要すれば、このような観点から丸山が近代国家としての「歪み」を指摘した日本のナショナリズムについて、吉本はエスニックな過去からの連続性を引きずりつつ生きている日本人の感覚を「大衆の原像」という概念に置き換えて、この観点を覆したのである。

近代の「ネイション」に対応してナショナリズムという価値が呼び起こされてきたとすれば、「祖国」とも「郷土」とも訳される〈パトリ〉の概念には、近代以前からあったあまたの地域の共同体に対する人々の帰属意識が反映されている。愛国心を意味するパトリオティズムという言葉には、近代国家のナショナリズムの大きなうねりのなかに息づく、そうしたエスニックな伝統や歴史の文脈が含意されてきたというべきであろうか。

西欧近代国家をモデルにして、その落差から日本を問う丸山の立場と正面から対決する吉本の日本ナショナリズム論に、上山は「西部ユーラシア系の文化に属する西欧文化とは全く異質な東部ユーラシア系の文化に属する土着文化の果たす役割」を見出して評価する。「他国に向かって誇りうるような国際性をもった巨大な独創的文化をもたなかったという消極的な事実が、工業社会の理想像を偏見の少ない姿に描き上げるための積極的な条件となるのではないか」。同時代の日本に対するこのような上山の認識は、経済大国への途上にあったこの国の国際社会における立ち位置を映しだしている。

いま一人、雑誌『展望』のこの特集で注目されるのは、「美学におけるナショナリズム」を寄稿している哲学者の梅原猛である。のちに『隠された十字架』など日本の古代史を巡る著作で知られる梅原が、ここで取り上げているのは俳人の正岡子規である。

国粋的な日本の精神の特徴を〈歌道〉と〈神道〉に見出した国学者たちの直観をふまえて、梅原は正岡子規が『歌よみに与ふる書』で示した美の価値基準を検討しながら、明治ナショナリズムのかたちを探っている。

子規が唱えたのは、紫式部や紀貫之らが古今和歌集で造形した〈みやび〉と〈あはれ〉という王朝の伝統美学に対する批判であり、それに代わる新しい美の基準の定義である。「日本文化の精髄というべきもの、日本においてわれわれが世界的な美として誇りうる殆どすべてのものは、古今集を美の基準として作られているといって過言ではないであろう。この美の基準を、子規は、価値の王座から引きずりおろそうとする」と梅原は指摘する。古代の万葉の心こそが日本の伝統美の故郷であるとして、それ以降の歌は理知的で技巧的に洗練されるにつれて堕落したという子規の主張は、明治国家が西洋文明を吸収しながら近代化の坂道を登るこの時代の空気を背景にしている。

子規は衰弱した伝統美に代わる新しい美の基準を提示する。すなわち①客観的であれ②感情的であれ③強調的であれ④創造的であれ――という、四つの尺度である。

欧化主義と国粋主義の間に揺れる明治以降の日本にあって、美術表現には西欧の写実主義が大きな影響をもたらしてきた。「写生」という手法は大陸渡来の南画ややまと絵、浮世絵など伝統絵画に代わって台頭する西欧写実主義の技術的要諦であり、改革者の子規はそれを俳句という伝統的な短詩文芸に応用しようと考えた。子規の伝統美学への批判は「写生説」と結ばれて万葉美学への傾倒となり、日清日露の二つの戦争に挟まれた武断の時代に広がる「ますらおぶり」の空気と重なって、国民の共感を集めたのである。

梅原はこうした子規の改革を、同じ時代の与謝野鉄幹が著した「亡国の音」（一八九四年）の主張に重ねて批判的に論じた。

〈文に衰世の文乱世の文盛世の文あり、盛世の文は雄大華麗、衰世の文は委靡繊弱《いびせんじゃく》、乱世の文は豪宕《ごうとう》悲壮、各々その世の気風を表し来《きた》る、王朝の文漫《みだ》りに綺靡を喜び気魄精神一の丈夫らしきものなし是れ衰世の文なればなり〉

鉄幹のこの文章の副題には「現代の非丈夫的和歌を罵る」とある。志賀重昂が『日本風景論』で展開した日本の自然景観の雄々しさの強調もまた、子規が引き継ごうとした西欧列強に伍する時代精神と深くかかわっている。そのうえで、梅原はこうした子規の試みが「意識的な伝統の誤解であった」と批判する。「子規が激烈の言葉を以て貫之以下の歌人を罵倒するとき、彼の心に存在していたものは、愛国の熱情であった」。こうした明治ナショナリズムにみる「歴史的な自己誤認の魔術」の由来を問う傍らで、日本古来の「自然と人間を一つの同じ生命の流れとみる思想」へ帰着する新たなナショナリズムの道を、梅原は一九六五（昭和三十九）年という時点で説き起こしている。

〈神道は何よりも清き自然に対する崇拝であった。そしてこの清き力ある自然をあがめるこ

とにより、われわれの心を清め、力をえようとするのが、天皇崇拝より古い神話崇拝の意味であったであろう〉

この国の歴史を貫いてきた「自然と人間を一つの同じ生命の流れと見る思想」こそ、危機に瀕する西欧文明を前にした根源的な存在論として立ち上がる、というのである。

一九六〇年と一九七〇年の日米安保条約改定の狭間にあって、分裂する国論と豊かさへ疾走する国民という、ある意味では幸福な矛盾に囲まれながら、日本人の心には「米国」という戦後社会の〈後見人〉への依存からの離脱とアイデンティティーを求める、自立と伝統回帰への密かな空気が高まりつつあった。経済的な大国化は「離米」と自らの来歴を肯定する「日本らしさ」への眼差しとなって、新しいナショナリズムの土壌をつくる。

高坂正堯や西谷啓治、竹山道雄、林健太郎らによる「日本文化フォーラム」が「日本的なもの――その系譜と構造」という報告で、芸術や宗教、政治などさまざまな領域から日本の伝統を論じたのは、この『展望』の特集の前年である。この年には社会学者の中根千枝が『タテ社会の人間関係』という論文で、西欧とは異なる日本社会の独特の構造を論じてベストセラーになった。「日本人論」や「日本社会論」の広がりは、丸山眞男ら進歩的文化人が「前近代的」で「後発的」として、否定し克服すべきものとしてとらえていた戦後の日本像の大きな転換を意味していた。

戦後民主主義を啓蒙的理念として求めてきた丸山の描くユートピア的な「日本」像は、全共闘学生らの進歩的知識人に対する倫理的批判によってまず立場を失い、さらに経済的な豊かさによってその足場を確かなものにしつつある国民の自信に裏付けられて、新たな「伝統」というアイデンティティーへの模索に置き換えられていった。戦後民主主義のカリスマが退場する時であった。

身捨つるほどの祖国——短歌、そして小林秀雄

日米安保条約の自動延長、三島由紀夫の死、大阪万博など、歴史の転換となる大きな出来事が相次ぎ、戦後日本の大きな節目となる一九七〇（昭和四十五）年の新春、皇居で催された新年歌会始のお題は「花」であった。

〈白笹山のすその沼原黄の色ににっこうきすげむれさきにほふ〉

経済成長期のにぎにぎしい世相と離れて、昭和天皇が静養先の那須高原の花群を詠んだ御製は穏やかな叙景歌だが、国民からの選歌にはこの時代を敏感に映した歌もみられる。

〈プラネタリウム出でて見放《みさ》くる灯の海の東京の空星を失ふ〉（昭和四十四年・土岐勝人）

〈冴えざえと北斗は高し抗出《いで》て肺冷ゆるまで深く息吸ふ〉（同・小柳吉加）

歌会始は戦後すぐの一九四七（昭和二十二）年に復活した。古来の宮中行事を明治天皇が近代の様式に改めたこの伝統行事は、戦後の象徴天皇制に合わせて天皇以下の皇族と詠進した国民が一堂に会して歌を披露するという、現行の形式でいち早く蘇ったのである。

御題「あけぼの」に寄せて、昭和天皇は地方巡幸で訪れた水戸の町の人々が復興へ向けて槌音高く働く朝の風景を詠んでいる。

〈たのもしくよはあけそめぬ水戸の町うつつちおともたかくきこえて〉

現人神《あらひとがみ》から「人間宣言」を闡明《せんめい》したばかりの象徴天皇としてはじめて詠む歌は、敗戦から復興へと立ち上がる国民へ向けた素朴な思いを込めた〈祈り〉の色合いが濃い。

王朝以来の伝統詩歌として短歌という定型文芸が国民に深く浸透し、それが皇室によって主宰される歌会始という儀式となって千年ののちまで継承されていることは、それだけで十分に神話的な持続力というべきである。そしてそのしたたかな伝統が、戦後四半世紀のこの時点で若い世代によって新たな文化表象を生み出していったのである。

〈マッチ擦るつかのま海に霧ふかし身捨つるほどの祖国はありや〉

寺山修司がこの歌を歌集『空には本』で発表したのは一九五八（昭和三十三）年である。戦後民主主義の全盛期にあって〈祖国〉を〈身捨つる〉対象の不在として詠み込んだ優れた批評性とともに、〈マッチ擦る闇〉をその空白に対置した深い暗喩の衝撃は、二十一世紀の今日にも日本人に大きな痕跡をとどめている。

のちの一九六〇年代から七〇年代にかけて、土着的でアナーキーな猥雑さを際立てた劇作と舞台や映画をはじめ、ジャンルを超えた無国籍的なサブカルチャーのシンボルとなるこの作家の生い立ちと創造の原点には、俳句や短歌という伝統的な定型表現があった。このことは、日本が民主主義という新しい制度的な基盤とともに思考の様式を根本から変えた戦後社会にも根強く持続する、地下水のような伝統文化の遺伝子の証でもあろう。

日本の原郷ともいうべき津軽の風土に生まれた寺山が、「チェホフ祭」の五十首で歌壇の登竜門である『短歌研究』新人賞を受けたのは十八歳の時である。その衝撃を歌人の塚本邦雄がのちにこのように記している。

〈第一回の中城ふみ子の「乳房喪失」の、死のにほひを漂はす華麗な登場のあとだけに、寺山修司のデビューは、作品のサブ・タイトルとした、〝青い種子は太陽のなかにある〟をそのままの、燦燦《さんさん》たる光に包まれた、戦後九年目の希望の象徴であつた。老い朽ちようとする韻文定型詩は、まさしくこの寵児の青春の声によつて、一夜にして蘇つた〉

（「アルカディアの魔王」）

〈一粒の向日葵の種まきしのみに荒野をわれの処女地と呼びき〉

歌人、寺山修司の誕生が「短歌なる定型の業を証すことになつた」と塚本は述べた。その背景をなす「定型」へのかかわりを寺山はこう記している。

〈のびすぎた僕の身長がシャツのなかへかくれたがるように、若さが僕に様式という枷を必要とした／定型詩はこうして僕のなかのドアをノックしたのである／縄目なしには自由の恩恵はわかりがたいように、定型という枷が僕に言語の自由をもたらした〉

（「僕のノオト」）

とはいえ民主主義の下で新たな秩序を目指す戦後社会は、近代の日本の歩みを誤らせた〈悪《お》血《けつ》〉として古来の韻律を退け、短歌や俳句などの伝統的な定型詩歌の形式を自由な個人の表現を拘束する様式として、重ねがさね否定してきた歴史をもっている。

戦前にあっても、中野重治は『歌のわかれ』のなかで、短歌的な抒情との決別という主題を描いている。大学の短歌会の合評の席で、同人たちと意見が対立した主人公の青年は「兇暴なものに立ちむかって行きたい」という思いを募らせて、短歌的世界と決別する。青年の〈歌のわかれ〉は、伝統の桎梏を断ち切って戦前にプロレタリア文学に深くかかわったこの作家の「歌」という詩に通い合っている。

〈おまえは歌うな／おまえは赤ままの花やとんぼの羽根を歌うな／風のささやきや女の髪の毛の匂いを歌うな／すべてのひよわなもの／すべてのうそうそとしたもの／すべてのものうげなものを撥《はじ》き去れ／すべての風情を擯斥《ひんせき》せよ〉

戦後、アナーキズムの影響を受けた詩人の小野十三郎が一九四八年に書いた、伝統的な定型短詩を批判する「奴隷の韻律」は俳句と短歌の世界に打撃を与えた。三十一文字に込めた短歌表現を「濡れた湿っぽいでれでれした詠嘆調」と呼んで、伝統に呪縛されたその制約を「奴隷の韻律」と否定する指摘は、戦後の民主主義の下、自由で形式から放たれた、生き生きとした表現を求める社会の空気を映したものだった。

〈古い抒情を否定出来るものはただそれに対して異質の新しい抒情を創造し体験し得た者だけである〉

「すべてのものを最後の行でふっと収拾させる」と折口信夫がいう短歌的韻律が、理性的な認識を麻痺させるという批判は、この国の敗戦に伴う社会の劇的な価値の転換に促されて、さまざまな場面で伝統文化への批判の動きを広げていったのである。

〈短歌ほろべ短歌ほろべといふ声す明治末期のごとくひびきて〉

歌集『赤光』で知られるアララギの歌人、斎藤茂吉は終戦の翌年、このような歌を詠んでいる。戦時中、進んで戦争協力の立場に身を置いたことから、戦後にその責任を問われた茂吉は「国が戦争をすれば、誰でも勝たせたいと願うのは当然だ」と反論したが、追及は伝統文芸としての俳句・短歌が戦争に果たした役割にも及んで、その咎《とが》を問う声が広がっていた。五・七・五・七・七の三十一文字、あるいは五・七・五の十七文字の伝統的な韻律に託した情感が、人の運命や生死をたやすく国家や時代に同化してゆくメカニズムを助長したとして、戦後社会が問うことになるのである。

同じように伝統批判という観点から俳句を論じて、戦後大きな反響を呼んだのが一九四六（昭和二十一）年に桑原武夫が発表した「第二芸術論」である。

〈わかりやすいということが芸術品の価値を決定するものでは、もとよりないが、作品を通して作者の経験が鑑賞者のうちに再生産されるというのでなければ芸術の意味はない。現代俳句の芸術としてのこうした弱点をはっきり示す事実は、現代俳人の作品の鑑賞あるいは解釈というような文章や書物が、俳人が自己の句を解説したものをも含めて、はなはだ多く存在するという現象である〉

桑原がここで指摘したのは、仲間内の言葉遊びに類する俳句という表現が、芸術としての自立性を欠いて情動に流れるという、その大衆性の陥穽を問うものであった。

伝統定型詩を辺境的とみて、モダニズム的な立場から起こったこうした批判を前にして多くの俳人・歌人は沈黙したが、衰退の道をたどるかにみえた伝統的な定型詩歌はその後の日本の独立の回復とともに、寺山修司らの新たな世代を迎えて復活してゆく。『乳房喪失』で大胆に自らの身体をうたった中城ふみ子から、おのれの青春と六〇年安保闘争の挫折を重ねた夭折歌人の岸上大作、伝統を踏まえた新たな美学を確立した塚本邦雄や春日井建、伝統を現代に蘇らせた佐佐木幸綱や岡井隆といった、未開の主題に新しい表現で切り込んでゆく若い歌人たちの登場で、短歌の韻律は新たな抒情とリアリティーを取り戻し、息を吹き返してゆくのである。その背後には、規模を広げる新聞雑誌の投稿歌壇や大小の短歌結社を舞台にして、無名の生活者が日常を詠んだ夥しい歌のすそ野があったことは、いうまでもない。

もちろん新しい世代の歌人たちは、ひたすら伝統の韻律の復興によって戦後の日常的な生活の情感を詠ったのではない。例えば塚本邦雄は絢爛たる修辞を駆使して、深く伝統に根ざした反写実的な前衛短歌の領域を切り開いたが、代表的な歌集の『日本人霊歌』が示すように、その作品には日本という〈祖国〉の戦後の姿が色濃く影を落としている。

〈日本脱出したし　皇帝ペンギンも皇帝ペンギン飼育係りも〉

若手作家の大江健三郎も「いかなる怒り、怨念に燃えて不当な死を遂げる人間も、一応は短歌的におだやかに終結する辞世をのこすといった特殊さ」をあげて短歌的表現を批判した。歌人の佐佐木幸綱はこれに反論して「千三百年の歴史を生きた短歌を見くびってはなるまい」と記している。

一九六八年に在日朝鮮人の射殺犯、金嬉老がライフル銃を持って静岡県寸又峡の温泉旅館に人質を取って立てこもる事件があった。金はその時、死を覚悟して歌を詠んだ。〈夕暮れに小鳥さえずる声聞けば我帰りたや母待つ家に〉という、傲岸で粗暴なこの犯人には似つかわしくない母恋の歌をとりあげて、佐佐木は〈こころ〉と〈ことば〉を架橋する表現としての定型短詩の伝統を「日本人の心情の様式に他ならない」と指摘している。

〈やまと歌は人のこころをたねとして、よろず言《こと》の葉《は》とぞなれりける〉

日本の〈歌〉をこのように定義した紀貫之の「古今和歌集仮名序」を手掛かりにして、「批評の神様」と呼ばれた小林秀雄がライフワークの『本居宣長』に着手したのは一九六五（昭和四十）年である。古来、日本人が育んできた〈もののあはれ〉という情感の由来をたずねて、万葉集から古今集、源氏物語など古典文芸を通した宣長の事跡をたどる膨大な著作は、十年あまりの歳月を費やして完結した。

つまり、小林にとって一九七〇年を挟んだ十年間はほぼこの著作にあてられたわけである。冷戦構造のもとで国際社会は左右のイデオロギーがせめぎ合う一方、経済成長と国際化の進展で伝統的な文化や価値観の衰退がすすんだ。物質的な豊かさへ向けて国民が邁進する戦後の世情の下で、もはや求めるべくもない「もののあはれ」という情感の源を江戸後期の国学者である本居宣長の事跡に訊ねて、ひたすら日本文化と伝統の水脈を探り続ける小林秀雄の存在は、それ自体が戦後の大いなるアイロニーと呼ぶべきであったろう。

なぜなら、その伝統と古典への沈潜と「常識」への回帰を求める小林の冷静な言説は、一九七〇年代という「政治」と「消費」で過熱した「からっぽな大国」への静かな疑義であり、歴史という大河の流れに棹さす一人の思想家の態度表明でもあるからである。

戦時中に小林は「無常といふ事」というエッセーのなかで、比叡山の参道を歩きながら一言芳談抄の「夜更けてつづみを打つなま女房」の挿話を思い起こしている。

比叡山の山中の社で深夜、若い女が神職をまねてとうとうと鼓を打ち、澄んだ声で歌を捧げた。なぜそのような振舞に及ぶかという問いに、女は答えた。

〈其心を人にしひ問はれて云、生死無常の有様を思ふに、此世のことはとてもかくても候。なう後世をたすけ給へと申すなり。云々〉

人生は無常であるからこそ、後世への祈りを捧げる。この一文を通して小林は、歴史から無常を学ぶことを説いた。「上手に思ひ出す事は非常に難かしい。だが、それが、過去から未来に向つて飴の様に伸びた時間といふ蒼ざめた思想（略）から逃れる唯一の本当に有効なやり方の様に思へる」と問いかけるのである。

小林秀雄は戦時にあって、総力戦へ向かう国家の大きな波に対して積極的に異を唱える立場をとらなかった。そのことが戦後、民主主義を新たな理念として戦争責任を問う勢力から問われることにもなったが、小林は次のように自らの立場を弁じている。

〈僕は政治的には無智な一国民として事変に処した。黙つて処した。それについて今は何の後悔もしてゐない。大事変が終つた時には、必ず若《も》しかくかくだつたら事変は起こらなかつたらう、事変はこんな風にはならなかつたらうといふ論議が起る。必然といふものに対する人間の復讐だ。（略）僕は歴史の必然性といふものをもつと恐しいものと考へてゐる。僕は

無智だから反省なぞしない。悧巧な奴はたんと反省してみるがいいぢやないか〉

（『近代文学』一九四六年二月号）

『本居宣長』で小林がなそうとしたのは、無常な歴史が生起する〈事変〉を超えて人々の心をつなぐこの国の伝統と美意識の水源をたどることであった。

〈過去の経験を、回想によつてわが物とする、歴史家の精神の反省的な働きにとつて、過去の経験は、遠い昔のものでも、最近のものでも、又他人のものでも、己れ自身のものでもいゝわけだらう。それなら、総じて生きられた過去を知るとは、現在の己れの生き方を知る事に他なるまい〉

（『本居宣長』）

日本の歴史をつらぬいて生き続けてきた〈歌〉という表現の遥かな来歴をたずねることで、小林秀雄は二十世紀末の祖国の過剰とも見える物質的な繁栄と、精神的な価値の空洞というアンビバレンスの時代を、ゆっくりと確かな足取りで歩んでいった。

〈上手に思ひ出す事は非常に難かしい〉

この言葉によって小林秀雄は、戦後の日本人が伝統と連なりながら生きることの重さを伝えた。〈もののあはれ〉という情感に託された古来の〈歌〉の由来を通して、それは高度経済成長期という甚だしい「からっぽの時代」（三島由紀夫）に敢えて問いかけられた。

短歌という伝統的な形式に凝縮された過去を「思い出すこと」によって、人々の営みを思想化するという、この小林の命題を批判する声も、もちろんあった。戦後民主主義の〈カリスマ〉であり、一九六九年一月に起きた東大紛争をきっかけに全共闘学生の激しい吊るしあげを受けて、東大教授の座を去る丸山眞男である。

〈小林秀雄は、歴史はつまるところ思い出だという考えをしばしばのべている。それは直接には歴史的発展という考え方にたいする、あるいはヨリ正確には発展思想の日本への移植形態にたいする一貫した拒否の態度と結びついているが、すくなくも日本の、また日本人の精神生活における思想の「継起」のパターンに関するかぎり、彼の命題はある核心をついている〉

（『日本の思想』）

西欧的な価値観やグローバルなシステムが戦後社会に次々に取り込まれてきても、その表向きの装いの陰に〈もののあはれ〉や無常の感覚、あるいは儒教的倫理観や〈幽明〉といった古来の境地が深く日本人の内面に沈潜している。そうした〈過去〉が現在の新たな価値のなかで自覚的に対決されない風土においては、民主主義や個人の権利といった新たな思想が未熟のまま表面的に次々と取り込まれる反面、こうした沈殿する〈過去〉が時あって突如として「思い出」として噴出することになる——。

丸山はこのように述べて、小林秀雄の歴史と伝統への無自覚な没入を批判しつつ、とりわけ国家や政治の危急の局面に噴出するこうした非合理的な日本人の思想の働きを「実感信仰」と名付けて論難した。しかし、やがてその近代主義的な啓蒙知識人としての立ち位置が全共闘という若い過激な革命世代によって批判され、舞台から退場していった事情はすでに触れたとおりである。

本居宣長がそうであったように、小林秀雄も山桜の花を好んだ。

〈しき嶋のやまとこころを人とはば朝日ににほふ山さくら花〉

よく知られた宣長のこの歌が、戦時期に皇国イデオロギーのもとで愛国心を鼓舞する精神の規範のように受け止められたことに、小林は反論している。

〈散り際が、桜のやうに、いさぎよい、雄々しい日本精神、といふやうな考へは、宣長の思想には全く見られない〉〈「やまと心を人問はば」の意は、ただ「私は」と言ふ事で、「桜は

いい花だ、実にいい花だと私は思ふ」といふ素直な歌になる〉
（「さくら」）

一九八三（昭和五十八）年三月、小林秀雄死去、八十歳。

どのような時代にあっても、人は花を眺めることで人と人の交わりに思いをはせ、歌を詠むことで遠い過去とつながる。〈伝統〉の奥深い水源を探ることで、小林秀雄はこの時代の日本人の心のありかを指し示してみせた。「批評の神様」の閑雅な晩節であった。

それから四年後、二十五歳の高校教員、俵万智の歌集『サラダ記念日』が大きな反響を呼び、ベストセラーとなった。

〈「寒いね」と話しかければ「寒いね」と答える人のいるあたたかさ〉
〈「この味がいいね」と君が言ったから七月六日はサラダ記念日〉

新しい世代が何気ない日常を切り取って、三十一文字の定型に表現する。空前のブームとなった俵万智の短歌は、現代の新しい感性を万葉以来の定型詩歌に蘇らせ、平易な世代感覚のなかにこの国の伝統文芸の様式が持続するしたたかな力を伝えた。短歌の韻律が世代を超えて、この風土に生き続けていることの証であった。

〈世代〉の反逆——小津安二郎と「新しい波」

一九六三（昭和三十七）年の一月のことであった。

松竹大船撮影所の監督会が恒例で開く新年会が鎌倉の料亭「華正楼」で行われた。十五人ほどの監督が席に連なった。広い座敷の中央の床の間を背にして最年長の小津安二郎が座った。生涯の最後の作品となる『秋刀魚の味』を前年に撮り終えたばかりだった。この年の暮れ、還暦を迎えた誕生日に生涯を閉じることになる巨匠を取り囲んで、木下恵介や野村芳太郎、中村登といった「松竹大船」を支える中堅監督たちの顔があった。若手が末席に控えていて、当時二十九歳の最年少だった吉田喜重や篠田正浩もそのなかにいたが、なごやかに進むはずの宴席ははじめから奇妙な緊張に包まれていた。

というのも、座が開くとほどなく小津が末席の吉田の前に身を運んで座り、いきなり激しく叱責したのである。「君は若いのに生意気だぞ。君に俺のことがわかってたまるか」。そして、小津は黙ったまま延々と若い吉田に盃をすすめた。

徒弟的な秩序が色濃く残る撮影所の新年の宴席で、ふた周りも世代を隔てた師弟が対坐して、無言のまま盃のやりとりが続く。木下が割って入って「小津さん、若い人の批判を受けて怒ることはありません」ととりなしたが、その後も同席した人々が二人を遠巻きにするようにして、重たい時間が過ぎてゆく。

理由は吉田にはよくわかっていた。前年の秋、雑誌『シナリオ』の座談会で小津の近作の『小早川家の秋』について「年寄りが厚化粧して踊っているといういやらしい部分がある」と遠慮のない批判を加えた。これが小津の逆鱗にふれた。

〈かなり酔った小津さんは、「おれは橋の下で菰《こも》をかぶって客を引く女郎。吉田さんは橋の上に立って客を引く女郎」と、ひとこと言われた〉

酒の酔いに任せた巨匠の吉田に対する叱責は、「映画作家なんてものは、所詮そんなもんだ。橋の下で客の袖を引くのさ」という自己韜晦が加わってますます嵩じた。

通夜のような宴席が二時間ほどでお開きになるころ、木下恵介が間に立った。

〈若い人が古い人の作るものをあれこれいう。それは後から来た人間の権利じゃないですか。

それを禁じたら、批評精神は死にます。まして小津さん、小津さんは権威なんだから、余程気をつけないと恫喝になりますよ〉

木下は若い監督を育ててこなかった小津の後進育成への姿勢をも批判した。「巨匠」として君臨してきた小津は酔いに身をまかせながら、徒弟的秩序のもとで黄金期にあった映画の時代に忍び寄る黄昏を、この宴席でようやく自覚したのではなかったか。

長老の小津が若い吉田に無言で盃をすすめて「対決」した新年会の情景は、戦後の日本人の絆を素材にした文芸的な娯楽映画で画期をなした「松竹大船」という個性的なアルティザン（職人）の集団の崩壊を兆す、象徴的な一場面であった。

松竹映画のオープニングロールには雪を頂いた美しい富士山が映し出される。「大船調」と呼ばれた松竹の家庭劇やメロドラマは、主に庶民や中流階級をモデルにして穏やかな家庭や善意の男女の離合を主題にあてがった。道徳的でユーモアをたたえた作品がその基調とされ、市民的で微笑ましい娯楽性が特徴であった。それは撮影所長を務めたのちに社長となった城戸四郎が確立したものであり、同時に戦後日本の都市文化を支える家庭や家族が思い描く、美意識や価値観を反映したものでもあった。

伝統的な戦前の大家族像とは異なり、経済成長が促した地方から都市への人口の流動、それに伴う核家族化や血縁の絆の揺らぎなど、戦後社会の大きな変化の下で人々が抱える控え目な哀歓こそ、「大船調」が得意とする映像表現であった。小津安二郎はその大船が生んだ卓越した看板であり、活劇で世界から注目された黒澤明とは異なる独自の美意識を支えに、家庭劇で黄金期の日本映画を主導した巨匠であった。もちろん、その生涯の到達と呼ぶべき作品が『東京物語』である。

尾道に住む老夫婦が夜汽車で上京して子供たちを訪ねるが、開業医の長男の家庭も美容院を営む長女の家も日々の暮らしに追われている。戦死した二男の嫁だけが東京見物を案内し、寡所帯のアパートに招いてささやかにもてなすが、働き盛りで忙しい息子や娘は老親を熱海の温泉に送りだして満足な団欒の時間は持てない。それでも久々に子供や孫との束の間の再会を果たした老夫婦は徒労感を抱えて帰路に就く。その途中の夜汽車のなかで、疲労のために倒れた老母は、尾道の自宅へ戻るとほどなく亡くなる。ひとり残された老父は瀬戸内海の穏やかな海辺を眺めながら、しみじみと人生の無常をかみしめる――。

いまは世界の映画史の記念碑的な作品といわれるこの映画は、「家族」の絆の揺らぎを主題として、東洋的な無常感をたたえながら老いと人生を静かに観照している。

若い日に鎌倉の料亭で小津と「対決」した吉田は、三十年以上の歳月を経た一九九八（平成十）年、この巨匠を本格的に論じた『小津安二郎の反映画』を発表する。この論考はかつて論難した師への遥かなオマージュであり、世界から再評価が広がり始めた小津との〈和解〉のメッセージでもあった。このなかで吉田は『東京物語』で原節子が演じる、戦死した二男の嫁が義理の老親に注ぐ無償の愛情の重さをとらえて、こう論じている。

〈家族であることを意識しないことが、もっとも自然なありようであるといった戯れの論理を受け入れるのであれば、両親をないがしろに扱うことのできる息子や娘こそが本当の家族であり、他人である嫁は家族であることを意識し、そのように振舞い、演じざるをえないかぎり、家族の一員というわけにはいかなかった。／人間のもっとも秩序立った関係は親子のきずなにあり、それを根底にわれわれの社会が成り立っているのも確かである。それにもかかわらず親子の関係が無視され、無秩序であるときのほうが、真の親子のように感じられるのであれば、矛盾しているようではあっても、それを親子における愛の表現と言わざるをえなかっただろう〉

（『小津安二郎の反映画』）

繰り返すまでもないが、一九五三（昭和二十八）年に公開されたこの『東京物語』は、戦後の経済成長期に向かって移ろう日本の家族の姿を静謐な映像で造形して、小津の名を著しく高めた。独特のローアングルの画面と長回しの場面の展開、沈黙を挟んだ老夫婦のほとんど並行するばかりの禅問答のような会話など、「小津的」と評される美学がのちにヴィム・ヴェンダースやフランソワ・トリュフォーらの絶賛を浴びるようになる。

小津の国際的な地位を決定的にしたのは二〇〇三年、ニューヨーク映画祭で行われたシンポジウム『OZU・国際的視点』における再評価であろう。ここでは吉田が締めくくりの講演を行った。日本の風土から〈家族〉という社会の基本態を通して人生の意味を問う小津の世界はきわめて内向きの作品と受け止められてきたが、没後三十年近くを経た〈冷戦後〉の時代になって国際社会はこれを普遍的な主題として高く顕彰するようになった。ここに至って小津作品が、日本映画として世界に新たな頁を開いたことは皮肉である。

なぜなら、監督自身もほとんど世界の眼差しというものを意識したことはなかったこの作品が、二十世紀末のグローバリズムの波によってにわかに〈覚醒〉されたのであり、そこでは〈日本的〉と受け止められてきた小津作品のテクストが、欧米の映画のパラダイムを踏まえた〈モダニスト〉という文脈から再定義されたからである。

にもかかわらず、その時点における現実の日本社会の実態としての〈家族〉は、すでに核家族という戦後の類型からさらに流動化し、解体の途上にあった。『東京物語』という記念碑の母胎ともいうべき「松竹大船」は、二〇〇〇年になって閉鎖される。

一九六三年正月の宴席における小津と吉田の「対決」の挿話は、エンターテインメントとしての映画が国民の夢や哀歓と密接に結んで時代を導いた「松竹大船」というユートピアの瓦解の序曲であった。その「主役」の小津の退場と入れ替わりに登場したのは、ヌーヴェルヴァーグ〈新しい波〉とフランスで呼ばれる若い作家たちの作品に刺激された吉田らの新たな世代であり、背後には大衆娯楽の王座にあった映画産業の衰退とテレビの目覚ましい台頭という、メディアの技術革新に伴うもうひとつの主役の交代があった。

この年、映画の観客動員数は戦後の最盛時の五割を切る五億一千二百万人となり、以降映画館の数も減少の一途をたどり始めた。二年後には大船と並んだ松竹の西の制作拠点である京都撮影所が閉鎖されるなど、市場の縮小に伴う合理化の波が現場にも及ぶ。

折からフランソワ・トリュフォー、ジャン゠リュック・ゴダール、アラン・レネといったフランス映画の若い世代に広がるヌーヴェルヴァーグは、新しい主張と表現で世界の映像に大きな影響をもたらしていた。当然ではあるが、吉田喜重や大島渚、篠田正浩といった「松竹大船」の新世代もまた、こうした世界の潮流から無縁ではありえない。

彼らは小津ら旧世代が築いた家庭劇とメロドラマの王国に公然と反旗を翻し、暴力やエロス、革命といった尖鋭的でラディカルな主題を、それまでの映画文法を超えた斬新な美学の下で繰り広げて観客を目覚めさせた。国民が抱える憧れや心の癒しを映す鏡であった映画はここへきて、新しい感覚の下で作家的メッセージを造形する場へと転換してゆく。

すでに一九六〇年、大島渚は日本の政治的な争点であった日米安保条約の改定に伴う学生運動の内部抗争を題材にした『日本の夜と霧』を作った。「大船調」とはほとんど無縁の激しい政治劇であり、その内容の過激さと興行的な失敗を巡って松竹首脳部と対立した大島は、翌年独立の道を選んだ。

篠田正浩は石原慎太郎の『乾いた花』や川端康成の『美しさと哀しみと』などの文芸作品の映像化で斬新な日本的美学を展開した。小津との「対決」の当事者である吉田喜重はもともと「大船調」の正統な継承者とみられており、その資質は後に妻となる岡田茉莉子をヒロインにした悲恋ドラマの『秋津温泉』(一九六二年)に遺憾なく結晶している。

藤原審爾の小説を原作としたこの作品は、敗戦直後の山陰の老舗旅館を舞台に、女主人と客の病んだ若者との悲恋を、すぐれた抒情性と映像美で描いて高い評価を得た。

女の愛によって敗戦の虚無から立ち直った若者が、未練を抱いて桜が咲き誇るこの山間の旅館を二度三度と訪れて恋が再燃する。しかし、すでに都会に所帯を持って俗物になっている男の不実に絶望した女は、寂れゆく老舗旅館とともに花の盛りに自ら命を絶つ――。男を成長する「戦後」の日本社会と見立てれば、女は滅びゆく古い伝統であり、散り敷く桜の花はその時代の移ろいを映す無常の調べである。

小津安二郎が没したのちの日本映画の歩みをたどる時、この作品はその孵化器として大きな役割を果たしてきた「松竹大船」という共同体への挽歌とも読める。

篠田も吉田もともども、小津が逝ってほどなく大船を去り、それぞれ独自の映像表現を目指して独立した。その受け皿となったのは、若い監督たちの新しい冒険的な表現に道を開くために低予算で映画制作を目指す日本アートシアター・ギルド（ATG）である。

大船を離れて興行的な採算性という制約を解かれた吉田らは、この場でそれぞれが暖めてきた主題と表現を思いのままに作品化した。それまでのように企画から制作、配給に至るすべてを映画会社に依存した体制を脱して、自由で刺激的な作品がそこから生まれた。一九七〇年にかけての数年、小津亡き後の「大船」から飛び立った若い監督たちは、この新しい舞台で次々と意欲的な作品を発表して「和製ヌーヴェルヴァーグ」と呼ばれた。

篠田正浩は一九六九年に『心中天網島』を作品化する。いうまでもなく、近松門左衛門の浄瑠璃で知られる男女の道行を描いた古典劇であり、死とエロスが交錯する様式美の世界を現代に蘇らせた。

大島渚は『絞死刑』（一九六八年）や『少年』（一九六九年）で、持ち前のポレミックで重い社会的主題を鋭い映像に表現した。『絞死刑』は実際にあった在日朝鮮人による強姦殺人事件を素材にして、国家の個人に対する権力行使の極限ともいうべき死刑執行の根拠を問いかけた。『少年』も実話をもとにした作品で、金に困った親の指図で家計を助けるために故意に車に体当たりをして示談金をゆすり取る少年の痛みを描いた。

吉田喜重は一九七〇年に意欲的な長編映画『エロス＋虐殺』を発表する。一九二三（大正十二）年の大逆事件で処刑されるアナーキスト、大杉栄と愛人の神近市子に伊藤野枝という、男女の三角関係を軸にした国家権力と革命にかかわる男女の性愛のかたちを、一九七〇年という同時代の政治や文化の混沌に同期させて描いている。

耽美的で乾いた映像美は前衛映画としてのみならず、日本映画の新しい境地を開いた。現代の若い男女がナビゲーターとなって、大正デモクラシーの時代の自由と抑圧を巡る物語の主題が、家族や国家の役割を否定する新左翼運動や性の解放を求める対抗文化に重ねて展開される。旧世代の価値観を否定する日本のヌーヴェルヴァーグの旗手となった、この時代の吉田の突きつめたモチーフをそこから見出すことができよう。

こうした日本映画の主題と表現の先鋭化は、松竹大船の衰退が象徴する〈観客が共有する夢〉としての映画の時代の終焉を、同時に意味していたはずである。それは家族や故郷や祖国といった、人々が持ち合う国民的主題の衰退であり、エンターテインメントとしての映画という、メディア産業の足場の変質とも深くかかわっている。

日本映画の構造変化による亀裂があらわになった一九七〇年の前年、松竹大船に残留した三十七歳の監督がいささか古風で時代離れした、ノスタルジックな喜劇映画を撮って公開する。『男はつらいよ』と題されたこの落語的な娯楽作品は当初評価が低調だったが、二作、三作とシリーズに定着するうちに人気が高まり、ヒット作となった。斜陽化するこの時期の大手映画会社の興行にあって、シリーズ化とロングランは異例の出来事であった。

山田洋次というこの監督は旧植民地の中国・大連から敗戦で祖国へ引き揚げ、東大法学部を出て一九五四年に松竹大船に入ったが、川島雄三や野村芳太郎の下でもっぱらプログラム・ピクチャーと呼ばれる娯楽性の高い作品の助監督を務めてきた。

履歴も映画への視点もヌーヴェルヴァーグの一派とは異なるこの監督が手掛けた『男はつらいよ』は、根強い観客の支持と興行的な収益に支えられて一九九五（平成七）年の第四十八作『男はつらいよ　寅次郎紅の花』まで、実に三十年近くも持続する松竹大船の最後の看板シリーズとなり、国民的な娯楽映画として繰り返し上映された。おそらくこのシリーズがなければ、松竹大船の幕引きはより大幅に早まったに違いない。

列島各地を放浪する香具師の主人公に渥美清という特異な個性を据えて、時折舞い戻る故郷の東京の下町の食堂一家を舞台にした疑似的な家族の哀歓を、ドタバタの笑いに包んで繰り広げる『男はつらいよ』の世界は、この時期に日本社会が見失いつつあった家族の親密性や地域的なつながり、人と人を結ぶ紐帯への渇望を映したものであった。それは確実に「豊かな時代」を生きる孤独な日本人の心をとらえたのである。

大船で袂を分かった和製ヌーヴェルヴァーグ一派がラディカルな理念や新たな映像美学を追求して挑戦的な作品を発表しているその時期に、山田はこの喜劇のシリーズとは別に列島に広がりつつある大きな社会基盤の変化をとらえていくつかの作品を残している。

一九七〇年に作られた『家族』は、九州の産炭地を捨てて北海道へ開拓に向かう貧しい一家が、高度成長期の列島を移動するなかで経験する繁栄の光と影をドキュメンタルに描いた作品である。また一九七二年の『故郷』は瀬戸内海で砕石運搬の仕事で生計を立てる夫婦が仕事を失い、造船所の労働者へ転職をしてゆく姿が描かれている。

いずれも高度経済成長期のさなかに、産業構造の変化や大都市と地方の格差の拡大を背景にして漂う家族の物語である。そこには小津が描いた戦後日本の家族の風景とも異なる、より直接的な家族と故郷の崩落が浮かび上がる。山田洋次は戦後日本の国家と地域と家族の空洞化を、こうしたリアリズムのなかに再現して見せたのである。

〈松竹大船〉というトポスを通して戦後の日本映画の軌跡を振り返るとき、本人の没後久しい時間を隔てた「冷戦後」の世界で小津安二郎に対する国際社会の評価が沸騰したのは、まことに皮肉というべきである。それは、日本映画の国際的声価を飛躍させた「世界のクロサワ」との対比で見れば、明白な背景が浮き彫りにされる。

芥川龍之介の『藪の中』を素材にして黒澤明が監督した『羅生門』が一九五一（昭和二十六）年にベネチア国際映画祭でグランプリを受賞したのは、日本の映画界にとってまさに青天の霹靂であった。翌年の同映画祭で溝口健二の『西鶴一代女』が国際賞、一九五三年には『雨月物語』が銀獅子賞を受けた。さらに三年後にはカンヌ映画祭で衣笠貞之助の『地獄門』がグランプリを受賞し、戦後の日本映画が立て続けに世界から脚光を浴びるようになった。敗戦から立ち直りつつある日本の伝統文化に対する、欧米からのオリエンタリズムの眼差しが背景にあったことは疑いをいれない。

黒澤は『羅生門』のベネチアにおけるグランプリ受賞を振り返って「東洋的なエキゾチズムに対する好奇心の結果」という論評に対し「日本人は、何故、外国の物は尊重し、日本の物は卑下するのだろう。歌麿や北斎や写楽も、逆輸入されて、はじめて尊重されるようになったが、この識見の無さはどういうわけだろう」と自伝に記しているが、そこには明らかに二十世紀初頭の西欧ジャポニスムの戦後版ともいうべき背景があった。

そうしたなかで現代の日本社会の家族や夫婦、親子などの関係の揺らぎを素材にした小津の作品は、あくまでも同時代の日本の観客の共感に迎えられたのであり、一部の信仰的な映画作家や批評家を除けば、物語の骨格が乏しい上、奥行のない静的な画面に国際社会が関心を払う余地は乏しかった。

その後の黒澤明がハリウッドの活劇から影響を受けた目覚しいアクションシーンや、シェイクスピアなど西欧の古典文学を翻案した作品で世界的な評価を高め、ついには二十世紀の世界の巨匠と呼ばれるのと比べれば、小津安二郎のローカル性はほとんど争えない。ところが、そのローカル性のなかに広がる俳諧的な味わいや〈禅〉の境地にもつながる人生への観照が、グローバリゼーションのなかに生きる国境を越えた人々の意識を目覚めさせ、世界が小津を〈発掘〉する大きな要因になっていくのである。

正月の宴席で吉田喜重が小津から叱責を受けた一九六三（昭和三十八）年の晩秋。吉田喜重はのちに妻となる女優の岡田茉莉子を伴って重篤となった小津安二郎を東京・お茶の水の東京医科歯科大学病院に見舞った。あの宴席の一件から一年近い時間が経過している。癌に病んだ巨匠はベッドの上で見舞いの礼を切れ切れに述べた後、岡田の父で戦前の小津の作品に活躍した俳優の時彦との縁をひとしきり懐かしそうに語った。

やがて吉田が辞そうとする間際につぶやくように言った。それも二度繰り返して。

〈映画はドラマだ。アクシデントではない〉

アクシデントとは何か。歴史や現実に伴う観念を直接造形して作家的な主張を込める、若い世代の映像を指してそう呼んだのだろうか。〈家族〉の揺らぎと人間の生死を戦後という時間に探った巨匠が、それを超えようとする次の世代に伝えた最後の言葉である。

第三章 〈宴のあと〉へ

ある〈国民の物語〉——司馬遼太郎の場合

改めるまでもなく、司馬遼太郎の大河小説『坂の上の雲』は、近代の日本が生んだ第一級の〈国民の物語〉である。作者は一九七〇年代という、〈戦前〉の日本を肯定的に描くことをほとんど禁忌とする「時代の風」に抗して、この作品を世に投じた。

〈まことに小さな国が、開化期をむかえようとしている〉

このように書き出された物語が、米国の南北戦争を背景にしたマーガレット・ミッチェルの『風と共に去りぬ』や、フランス革命を挟む時代の民衆の苦節を描いたヴィクトル・ユゴーの『レ・ミゼラブル』、あるいはアンジェイ・ワイダが映画化したポーランドの国民詩人、アダム・ミツキェヴィチの長編叙事詩『パン・タデウシュ』など、近代国家の成り立ちにかかわる多くの「国民文学」と比べて際立つのは、それが一九七〇年代という、二十世紀後期の日本の高度経済成長とグローバル化のもとで書かれたことであろう。

戦後日本は、国家主義と軍部の暴走で国を破産に導いた明治から敗戦に至る「戦前」の自国の歴史を徹底的に排除した。そうしたなかで司馬遼太郎は日露戦争を担った群像を通して、大国ロシアを破った極東の小さな島国が世界の列強に連なってゆく姿を鮮やかに描いて国民的な作家となった。まだ堅い蕾のような国家の定めのない先行きと運命をともにする、若者たちの楽天的で爽やかな「明治の精神」が、人々の心を打ったのである。

『坂の上の雲』が「産経新聞」の夕刊紙上で連載されたのは、一九六八年四月二十二日から一九七二年八月四日までの間である。若者たちの反乱の季節が徐々に沈静化し、ドルショックや沖縄返還など日本が国際社会の秩序の再編の中で、豊かさへ向かう成長の時代の頂点を迎えた時期と前後する格好でこの物語は書き継がれた。

連載が始まった一九六八年の十月二十三日に政府が主催する「明治百年記念式典」が日本武道館で開かれている。昭和天皇と香淳皇后の列席の下、一万人が式典に臨んだ。「封建制度から脱却して近代国家への道を確立した先人の偉業をたたえ、過去の過ちを謙虚に振り返るとともに日本の百年の発展と繁栄を評価し、国際的視野に立って新世紀への歩みを確固としたものにする」。このような趣旨の下で、近衛秀麿指揮のNHK交響楽団がワーグナーの「ニュルンベルクのマイスタージンガー」の前奏曲などを演奏し、青少年代表が誓いの言葉を述べた。「明治百年事業」は政府の「青年の船」や各地の記念公園の建設、あるいは論壇の「明治百年か戦後二十五年か」の論争などにも広がった。

経済大国へ歩むなかで自信を取り戻しつつあった日本人の間に、明治以降の日本の近代化を否定的にとらえてきた戦後の歴史観を見直す機運が芽生えていた。日露の戦局の帰趨に重要な役割を担う軍人の秋山真之《さねゆき》と好古《よしふる》の兄弟に俳人の正岡子規という、四国松山の同邑《ゆう》の若者の友情を軸にして、日本近代の〈上り坂〉を描いた『坂の上の雲』という物語の背景には、そのような高度成長期の〈空気〉の緩やかで大きな転調がある。

この物語は「明るい明治」と「暗い昭和」という、戦前の日本を貫く対照的な二つの時代の基調に立って、若い国家に迷いなくおのれの命運を重ねて行く明治の群像を生き生きと描いた作品と評価された。のちに「司馬史観」と呼ばれて歴史家や世論の争点ともなってゆくこの作家の歴史への眼差しが、いくつかの場面に浮き彫りにされている。

〈――正岡常規《つねのり》殿／と、見おぼえのある筆跡でかかれた封筒が机の上にのっている。／（なんぞな）／とおもってひらくと、はたして真之の手紙であり、子規はおもわず窓ぎわへ走った。障子をあけ、そとの雨あかりを入れてひらくと、手紙は数行であった。／「予は都合あり、予備門を退学せり。志を変じ、海軍において身を立てんとす。愧《は》ずらくは兄《けい》との約束を反故《ほご》にせしことにて、いまより海上へ去る上はふたたび兄と相会うことなかるべし。自愛を祈る」〉

敵国にいかに勝つかという「単純な職分」を選んで陸軍にすすんだ兄、好古の影響を受けて、真之は折角入った大学予備門と親友の子規との約束を捨てて、海軍を志す。のちに日本海海戦の参謀として日露戦争勝利の立役者となる若者が、「町工場のような小さな国家」の命運に楽天的に身を投じて行く、その局面が鮮やかに浮かび上がる。

「楽天家の時代」の戦争をただ若者の志や熱情から描くのではなく、敵国である大国ロシアの疲弊に助けられて、実力主義と西欧的な合理主義や科学的な戦略を手探りしながら日本がきわどい勝利に導かれていく道のりを、物語は淀みなく描いた。

日露の戦局の帰趨を決する分水嶺というべき、旅順要塞攻略戦を指揮して作戦を誤り、三度の戦闘で一万人もの戦死者を出した第三軍司令官、乃木希典への評価にも、それは映しだされている。従軍した愛息の戦死や、明治天皇の崩御に自ら決断した殉死という悲劇性を以てしても、「乃木神話」に対する司馬の醒めた眼差しは変わるところがない。


〈乃木は、近代戦の作戦指導に暗い。しかしその人格はいかにも野戦軍の統率にむいていた。軍司令官はその麾下《きか》軍隊にとっての鑽仰の対象であればいいということであれば、乃木はそれにふさわしかった〉

日露戦争というのは日本にとってやるべからざる戦争であった。司馬遼太郎はそのように書いた。彼我の力の違いは余りにも大きく、勝ち目はほとんど乏しい。だから元勲の伊藤博文は非戦論者であり、参謀総長の大山巌も自重を説く立場だった。局面が風雲急を告げるようになると、こうした政府や軍の当事者の現実主義による慎重論を覆して、メディアや世論を先頭に立てた開戦論が国民的気分を増幅して、空気は一変する。

「千数百年、異質の文明体系の中にいた日本人という一つの民族が、それをすてて、産業革命後のヨーロッパの文明体系へ転換したという世界史上もっとも劇的な運命をみずから選んだ」。その日本が三十年を経て、南下をうかがう大国ロシアという帝国と国の存亡をかけた戦いを余儀なくされる。それは維新という革命で生まれたアジアの片隅の「小さな町工場のような国家」が大国の圧力を前に、余儀なくして選んだ国家と民族の運命であり、旅順攻撃作戦はその勝ち目のない〈いくさ〉の頂点であった。

大国である敵国ロシアの疲弊と、新興国家の存亡をかけて〈いくさ〉という事業へのぞんだ若い人材の機略が、小さな島国をきわどくも思いがけない戦勝に導いた。日本の近代化が善玉と悪玉の二元論で論じられ、自国の歴史をもっぱら対外侵略という観点から否定してきた戦後日本に対する、声高ではないが熱のこもった批評がそこにはある。

そのうえで司馬は〈勝ちいくさ〉のあとのこの国の歩みに、深い疑念を投げかける。

〈(日露=引用者注)戦後の日本は、この冷厳な相対関係を国民に教えようとせず、国民もそれを知ろうとはしなかった。むしろ勝利を絶対化し、日本軍の神秘的強さを信仰するようになり、その部分において民族的に痴呆化した。日露戦争を境として日本人の国民的理性が大きく後退して狂躁の昭和期に入る。やがて国家と国民が狂いだして太平洋戦争をやってのけて敗北するのは、日露戦争後わずか四十年のちのことである〉

明治維新から敗戦までの日本の近代に対する司馬の眼差しのさきには、日露戦争の勝利に伴って軍国主義への道を歩み始める時期を境にして、この国が〈国家〉としてそれまでとは異質なものに変化していった、という認識がくっきりと浮かび上がる。

明治国家が「透きとおった、格調の高い精神でささえられたリアリズム」によって作られたと見る一方で、戦前の昭和をリアリズムのない「左右のイデオロギーが充満して国家や社会をふりまわしていた時代」と受け止めて、「どうみても明治とは、別国の観があり、べつの民族だったのではないかと思えるほど」(『「明治」という国家』)と書いた司馬の日本の近代に対する歴史観に、戦争を挟んだ自らの世代体験が深く刻印されていることは、改めて指摘するまでもない。

明治日本の向日的なナショナリズムに対する、司馬のほとんど手放しの傾倒と憧れも、実はそこに由来していると見るべきかもしれない。

「明るい明治」から「暗い昭和」という、日本の近代史のねじれた連続性を司馬は「奇胎の歴史」と呼んだ。能力主義に基づく人材が躍動する「軽い国家」の日露戦争における成功体験が、やがて国際社会における孤立と「国体」という観念を通して軍部と官僚が国民を圧する「重い国家」に変じて暴走してゆく歴史の帰結を、司馬は自ら身をもって経験した。学徒出陣で陸軍戦車連隊の見習士官となり、従軍した満州や本土決戦に備えながら迎えた終戦は、苦くも重い〈奇胎〉の時代への認識を結んだのである。

〈私事をいうと、私は、ソ連の参戦が早ければ、その当時、満州とよばれた中国東北地方の国境の野で、ソ連製の徹甲弾で戦車を串刺しにされて死んでいたはずである。その後、日本にもどり、連隊とともに東京の北方に駐屯していた。もしアメリカ軍が関東地方の沿岸に上陸してくれれば、銀座のビルわきか、九十九里浜か厚木あたりで、燃えあがる自分の戦車の中で骨になっていたにちがいない〉

死と紙一重の敗戦の後に迎えた〈戦後〉は、自由で闊達な人材が豊かさへ向けて羽ばたくという点で『坂の上の雲』の時代の「軽い国家」と通じるものがあった。
「私は戦後が好きである」と司馬は一九七〇年に書いている。
「とにかく有史以来、日本人がやっと自由になり、しかも近年にいたって日本人が有史以来、はじめて食える社会を持った」。そのような〈戦後〉の日本人が、高度経済成長という自由と豊かさへ向けて「食える社会」の達成感を手にした時、『坂の上の雲』は人々に過去から響き来る大きな「国民の物語」として迎えられたのである。

若い日の司馬遼太郎には、まことに具体的な人生の計画があった。外国語学校で言語を学んで外務省の試験を受けて資格を取り、官費で中国に学んで、アジアの草原と農耕地の境にある日本領事館に勤める。そこでノンキャリアの外交官として十年ほど勤め上げ、その上で遊牧民と農耕民という異なった民族についての小説を書くことである。

〈私は少年のころ、中国の周辺の遊牧者のことを考えるのが好きであった。かれらは、紀元前に、ヘロドトスや司馬遷がその暮らし方について記録したとおりの暮らしを、いまでも続けている。民族的稼業柄、過去に興味をもつ必要がなく、歴史意識が乏しく、たとえば曾祖父ということばすら長く持っていなかった。中国の長城の内側で発達した農業が、定住と家系持続を必要とするのと対照的である〉（『歴史の夜咄』）

この少年は古代から地域を越えて流動してきた東アジアの民族の歴史に対し、強いあこがれと関心を育てていたのである。国民国家として膨張する日本がすすめた戦争が、その浪漫的な人生の計画を断ったのだが、学徒兵として応召した司馬は動員された中国大陸で戦車連隊の小隊長となり、あこがれたアジアの草原地帯に連なる満州の地を初めて兵卒として踏むという、運命の皮肉を経験している。それもあの『坂の上の雲』の人々の躍動とはかけはなれた、狂信と独善が支配する植民地日本の軍隊の一員として、である。

朝鮮半島から沿海州やユーラシアの広大な草原地帯にまで広がるアジアの風土と人間への深い思いは、後年の『韃靼疾風録』などの作品に結晶している。奔流が鬩《せめ》ぎ合うように異った文化が衝突する東アジアの来歴へ向けた司馬の眼差しは、日本の近代の「奇胎の歴史」にどのように注がれてきたのだろうか。「戦前」の日本を〈明治〉と〈昭和〉という対照的な空気で切り分ける「司馬史観」への批判は、明治以降の日本が「防衛戦争」として大陸や周縁地域にかかわる過程で、その対象となったアジアの民族や植民地へ日本がもたらした過ちに「無自覚」であり、あるいは避けているかのような印象を伴うという、司馬の立場に向けられてきた。

とりわけ「天孫降臨神話」を持つ朝鮮半島南部の任那と北部九州が融合的な「クニ」であったといわれる古代の〈日本〉に思いを寄せてきた司馬には、『坂の上の雲』で日本が戦争の足場とした朝鮮半島やその周辺とのかかわりに、心残りがあったようにもみえる。

日露の戦いに先んじた日清戦争の背景のくだりで、司馬はこう書いている。

〈切実というのは、朝鮮への想いである。朝鮮を領有しようということより、朝鮮を他の強国にとられた場合、日本の防衛は成立しないということであった。／日本は、その過剰ともいうべき被害者意識から明治維新をおこした。統一国家をつくりいちはやく近代化することによって列強のアジア侵略から自国をまもろうとした。その強烈な被害者意識は当然ながら帝国主義の裏がえしであるにしても、ともかくも、この戦争は清国や朝鮮を領有しようとしておこしたものではなく、多分に受け身であった〉

『坂の上の雲』の新聞連載が始まったのとほぼ時を同じくして、司馬遼太郎は『故郷忘じがたく候』という中編小説を書いた。これは朝鮮半島を出自とする祖を持った同時代の鹿児島の陶芸家、沈寿官《ちんじゅかん》の逸話をそのまま描いた、ほぼ実話にもとづく作品である。

小説としての設《しつら》えと現実の歴史がみごとに響き合った名作であろう。

冒頭は終戦直後、京都で寺社廻りの新聞記者をしていた語り手が、西陣のとある町寺の住持を訪れる場面である。庭先に咲き極まった侘助の陰で、雨に打たれて置かれていた陶片を同席の骨董商が「李朝の初期やな」と見立てたあと、「いや薩摩かな」と反問する。

そこから「苗代川」という地名が呼び起され、二十年を隔てて主人公が偶然降り立った鹿児島の地でその窯を訪れるところから、物語が動きはじめる。

市内から伊集院方面へ下った里山に窯を構える沈寿官は、およそ四百年も遡る時代に豊臣秀吉が朝鮮半島に出兵した際、これに加わった島津藩主、島津義弘が連れ帰った朝鮮半島の陶工を始祖とする。陶片はこの窯から生まれて、薩摩の島津家と縁の深い京都のその寺へ運ばれたものの残骸であった。

百戸に満たない苗代川の集落はおおむね桃山時代、同じように朝鮮半島南部の南原城で秀吉軍にとらえられて従い、帰化した陶工たちを中心にして営まれてきた。つややかな緑に包まれたその村から、先の敗戦時の外相だった東郷茂徳や沈寿官を輩出した。

初見の司馬に対して、沈寿官は言う。「あの丘に、壇君をおまつりしてあります」

一族が守り続けてきた鎮守の森に、朝鮮開国の神祖、壇君が祭られているのである。

朝鮮出兵で敗走した島津藩の軍勢は、最後の戦闘の舞台となった半島南部の南原城から七十人ほどの陶工を伴って日本へ帰った。千利休に始まる茶の湯の流行で、舶載の陶磁器や茶器が当時の貴族や武人ら支配層に崇められていた時代である。

西洋の宝石、中国の玉。いずれをも持たない日本の美への憧れが、朝鮮半島の陶磁の技への執着に向かわせた。それを見込んで薩摩藩の捕虜とされた沈寿官の遠い祖先は、海峡を越えた異郷のこの地で苦難を重ねながら一子相伝の技量を伝承してきたのである。

藩から士族の待遇を受けながら、日本人としての差別と二つの「祖国」に引き裂かれて列島の片隅に生きてきた一族の望郷の物語は、書きすすめつつあった『坂の上の雲』のかたわらで描かれた、司馬遼太郎のもうひとつの「国民の物語」である。

沈寿官は日韓関係が緊張を高めていた戦後の軍政下に祖国の韓国を訪れて、ソウル大学で講演したことがある。

「韓国にきてさまざまの若い人に会ったが、若い人のたれもが口をそろえて三十六年間の日本の圧制について語った。もっともであり、そのとおりではあるが、それを言いすぎることは若い韓国にとってどうであろう。言うことはよくても言いすぎるとなると、そのときの心情はすでに後ろむきである」。そう述べたあと、沈寿官は続けた。

「あなた方が三十六年をいうなら、私は三百七十年をいわねばならない」

その言葉を聞いた一同の学生たちから、期せずして歌声が合唱となって場内に響きわたる。満場を圧した国民歌ともいうべき「黄色いシャツを着た男」の歌声が、海峡をはさんで歴史の彼方を生きてきた同胞に対する深い共感と敬意であったことはいうまでもない。

日露戦争のあとの日本が軍部の独走と国民を巻き込んだ〈狂騒〉によって国家を破産に導かれた歴史のなかで、その対外的膨張の足がかりとしたアジア近隣への侵略の傷跡は、世紀を超えて問い直されている。『坂の上の雲』で司馬遼太郎が描いたのは、アジアの先頭に立った近代国家の日本が〈自衛〉として余儀なくされたロシアとの戦いに身を投じた若い群像の物語であった。それならば、その足場となった大陸や半島の人々にとってそれはどのように受け止められたのか。その声は響いてくるのか。

かつて司馬が訪れた鹿児島県苗代川の沈寿官の屋敷に一九九八年の晩秋、首相の小渕恵三と韓国首相の金鐘泌ら両国首脳が訪れている。薩摩焼がこの村落に発祥して四百年になるのを記念して、日韓閣僚懇談会を開いたのを機会に「日韓パートナーシップ」の確立へ向けて、敢えてこの地を訪問したのである。日本の大衆文化が韓国で開放され、日本では韓流ブームが広がるなど、日韓関係の改善を受けた訪問に、沈寿官は「父の国と母の国の二つの文化を融合させて薩摩焼を発展させたい」と述べている。

　司馬はこの『故郷忘じがたく候』で「やきもの」という美と技術の結晶を通して、日本の来歴に刻まれた遥か秀吉の時代につながる東アジアの歴史の陰翳を描いた。沈寿官という実在する一人の魅力的な人間像を通して、この作家が若い日から温めてきたアジアという風土への憧れが、遠い過去と葛藤しながらそこに浮かび上がる。

　明治日本が脱亜入欧の道をまっしぐらに歩んでいたころ、勝海舟は旧弊と因循に甘んじて醒めない隣国朝鮮をいぶかった。そのことをとらえて司馬はこう記している。

〈私は、韓人社会というものに、若いころから関係が深かった。朝鮮への愛が深まれば深まるほど、日本と朝鮮のこの不幸な関係（日本の存在がつねに朝鮮に不幸をもたらしたのだが）は、やはり勝海舟が期待してその期待がむなしくなったところにあるとおもわざるをえず、海舟のなげきが、不遜ながら自分のなげきになってしまう。なぜ朝鮮が、日本が明治維新をおこしたときにそれをおこなわなかったか、ということなのである〉

（「競争の原理の作動」）

　『坂の上の雲』という大きな物語のかたわらで描かれたこの作品は、小品ながら海峡をはさんだ日本と朝鮮半島という、沈寿官の二つの故郷を巡る「国民の物語」の陰画ともいうべき作品なのである。

望郷と中間大衆——田中角栄の蹉跌

高畠《たかばたけ》華宵《かしょう》という挿絵画家がいた。

大正期から昭和にかけて、『少女画報』や『少年倶楽部』など、少年少女向けの雑誌にアール・ヌーボー風の曲線を生かした美人画や少年画を描いて人気を呼び、竹久夢二や蕗谷虹児らと並ぶ抒情画家として一世を風靡した。凛々しい表情の少年や艶めかしくも溌剌とした少女らが繰り広げる「華宵好み」の世界は、流行歌にまで歌われる都会の風俗となったが、戦時体制に向かうなかで次第に活躍の場を失い、忘れられた存在になった。

戦後、困窮して神戸の老人ホームで晩年を過ごしていた華宵が再び社会に見出され、作品が舞台で脚光を浴びるようになった背景には、一人の収集家の支えがあった。

若い日に親しんだ華宵や夢二らの作品の収集に情熱を傾けていた弁護士の鹿野琢見《かのたくみ》が、雑誌で華宵の戦後の消息を知って連絡を取った。やがて文通などを通して後ろ盾となり、自宅を創作の場に提供するなどの支援を重ねた。回顧展が開かれ、忘れられていた挿絵画家の世界が戦後の世代に伝えられて、再び華宵の名が知られるようになった。高度成長期のさなか、鹿野らに見守られて明治生まれの抒情画家は七十八歳で亡くなっている。

一九八四（昭和五十九）年六月一日の朝。東京・本郷の東大農学部の裏手にあたる、暗闇坂と呼ばれる坂道の途中に「弥生美術館」が開館した。鹿野が集めた華宵や夢二をはじめ大正から昭和にかけた挿絵画家の作品ばかりを展示する、小さな個人美術館である。

開館早々、警備を従えた黒塗りの車が正面に横づけになり、恰幅のいい壮年の男が秘書らしい数人とともに二階の華宵の展示の前へ駆けあがって行った。

元首相、田中角栄である。

田中は展示されている華宵の『さらば故郷！』の前に立ちすくんでそれを凝視した。『さらば故郷！』（一九二九年）は田中の人生の起点に深く重なる作品である。

遠くにたわわに実った田園風景を望んで、紺絣の着物に信玄袋を担いだ紅顔の少年が、まさに故郷を発とうとしている。愛犬が別れを惜しんでその少年の着物の裾にからみつき、放そうとしない。少年の手には家族と故郷に別れを告げる帽子が握られている。笈《きゅう》を負って都会へ出《い》で立つ少年の心の高まりが、夢見るような筆触で描かれている。

その時六十六歳を迎えていた田中のなかでは、おのれの少年の「あの日」の風景が画面に重ねられていたはずである。それもロッキード事件と「金権政治」批判によって総理の座を追われ、権勢の陰りのなかで刑事被告人にもなった、苦い晩節の追憶として。

〈三月二十七日午前九時。その日は朝から晴れ渡り、雪の米山は美しく輝いていた。信越線回り上り上野行きでいよいよ私は上京するのである。柏崎駅には町村関係者三、四十人も見送りにきてくれたが「電話三番クン」の見送りのないのは寂しかった。鈍行列車が次の駅に着くとホームに一人ポツンと「三番」の彼女が立っていた。／人目に立つことを恐れて次の駅を選んだ彼女の賢さがよく理解できた〉

（『私の履歴書』）

博労《ばくろう》の父の収入が不安定で進学の志を果たせず、高等小学校を卒業するとすぐに県の土木工事に働きに出た。農村の道路や河川工事の肉体労働である。しばらくして地元の県の土木派遣事務所に雇員として採用されるが、仕事も収入も給仕とさほど変わらない。

仕事の電話の取り次ぎで電話番号が「三番」だった町役場の交換手の女性と交わす会話が、不遇の少年時代の角栄の密かな慰めであった。ところがある日、東京の理化学研究所の大河内正敏邸に書生として住み込みながら学校へ通うという話が人づてにもちかけられて、にわかに上京の道が開けたのである。

「この雪深い故郷を出て、いつかは東京へ出て志を遂げよう」

土木派遣事務所の下働きに甘んじながら、思いは日増しに強まるばかりであった。牛馬の商売に忙しい父親は家を空けることが多かった。田畑を守る母や祖母、姉とともに暮らす藁葺き屋根の下で、少年は座り机の前の壁に雑誌から切り取った一枚の絵を貼り付けて、日夜飽くことなく眺めた。それが華宵の『さらば故郷！』である。

雪が融けて春が萌した新潟県刈羽《かりわ》郡二田《ふただ》村の故郷を後にして、十六歳の田中角栄が汽車で東京へ向かったのは一九三四年春のことである。

爾来、半世紀の歳月が流れていた。開館したばかりの弥生美術館でその絵と再会した田中は、ひそかに落涙した。

一九七二年七月五日。佐藤栄作の退陣の後を受けた自民党総裁選挙で、田中角栄は決選投票で福田赳夫に二八二対一九〇という大差をつけて当選した。

首相となった田中を、新聞やテレビなど世論は高等小学校を出ただけの学歴で総理の座にまで上り詰めた「庶民宰相」として迎え、「今太閤」と喝采を送った。

その朝、目白御殿とよばれた広壮な東京・目白の自邸で、田中は未明から詰めかけた記者やカメラマンの求めに応えて、広い庭の一角にある池に下駄履きで現れ、池の鯉に餌を与えるポーズをとった。池には選挙区である故郷の山古志《やまこし》村から贈られた錦鯉が群れをつくっていた。故郷からは続々、貸し切りバスを仕立てた支援者たちが総理大臣就任を祝いに詰めかけた。近くの椿山荘《ちんざんそう》で開く祝賀会にのぞんだ田中は、幼い支持者の娘から花束を贈られると相好を崩し、そばにいた秘書に命じて財布から一万円札を素早く握らせた。

故郷を後にした「あの日」から四十年近い歳月を経てついに「天下」をとった田中は、その数ヶ月前に「都市政策大綱」という政策構想をまとめて公表している。

総理に就任してほどなくこの構想は『日本列島改造論』として出版され、「今太閤」のブームにのって九十一万部というベストセラーとなった。雪深い越後の農家から東京へ攻めのぼり、実業に身を投じながら徒手空拳で宰相の座に上り詰めた男が、高度経済成長を成し遂げつつある日本の社会へ向けて、あるべき国の姿を論じた「戦後の超克」論である。通産官僚の小長啓一らがブレーンとなってまとめたこの著作は、同時に辺境から身を起こし、高等小学校卒という学歴で苦節のすえに頂上を極めたこの政治家の、「祖国」へ向けた大いなる怨恨と野心に彩られた祖国日本の再設計図であった。

戦前、故郷新潟の佐渡に生まれて青年将校らによる国家改造運動に大きな思想的影響を与えた北一輝の『日本改造法案大綱』からその標題を得た、ともいわれる。

〈昭和三十年代にはじまった日本経済の高度成長によって東京、大阪など太平洋ベルト地帯へ産業、人口が過度集中し、わが国は世界に類例をみない高密度社会を形成するにいたった。巨大都市は過密のルツボで病み、あえぎ、いらだっている半面、農村は若者が減って高齢化し、成長のエネルギーを失おうとしている。都市人口の急増は、ウサギを追う山もなく、小ブナを釣る川もない大都会の小さなアパートがただひとつの故郷という人をふやした。これでは日本民族のすぐれた資質、伝統を次の世代へつないでいくのも困難となろう〉

『日本列島改造論』の序文に、田中はこのように書いた。

まさしく日本列島は大都市への人口集中と地方の過疎化という、光と影が交錯する時代であった。通産相（現経産相）だった田中がこの本のもととなった「都市政策大綱」で重点項目としてあげているのは、まず全国的な新幹線網の整備などを通して国土の均等な発展をすすめる「新国土計画」である。土地と人口、水源などを組み合わせて地域別に発展目標を設け、地方の広域行政をすすめることを目指している。

二つ目は大都市住民の生活基盤の整備である。住宅難、交通戦争、公害をなくして、都市の立体化と高層化を推進し、再開発による都市住民の暮らしの改善を図ることである。

三つ目は都市と農村を結びつけて、広域的な拠点都市を地方に育成することである。一次産業と二、三次産業を融合させたブロックの拠点都市を育成することで、地域全体の収益性を高めることが目的とされた。

四つ目は都市と地方のバランスのある発展へ向けて、工業用地などの無秩序な開発を抑え、公益優先の立場から土地利用の計画的推進をすすめることである。公共用地の確保や市街化区域の指定など、住民全体に有効な土地利用のありかたを探ることである。

五つ目はこうした国土改造のための資金の確保へ向けて、インフレなき集中投資をすすめるために、財政と金融機能を高めて民間資金を活用することである。政府系の金融機関を創設して、中央から地方への資金の流れを促進させることである。

田中は一九四七年に地元の新潟三区から立候補して国会議員に初当選して以降、三十三本もの議員立法を手掛けている。国土総合開発法や電源開発促進法、道路法、河川法など、その多くが国土改造に必要な、いわゆるインフラにかかわる立法である。

こうした立法を通して田中が作り上げたシステムは、公共事業による地方への利益誘導や中央官庁を通して補助金を配分する戦後保守政治の影の仕組みを構築し、それが徒手空拳の「庶民宰相」として権力の頂点へ導く大きな力の源泉となった。同時にまた、それがいわゆる「金権政治」の温床となって、やがて自らの政治家としての運命を暗転させていったことは、まことに皮肉といわなければならない。

ともあれ、この政策構想とそれに基づく田中の「列島改造」の思想には、越後の雪深い農家から学歴もないままに上京し、さまざまな職業を遍歴しながらそのたぐいまれな指導性と実行力によって総理の座についた、田中角栄という人物の〈故郷〉と〈祖国〉に寄せる、滾《たぎ》るような情念がそこに映しだされていたはずである。

〈明治、大正生まれの人びとには自分の郷里に対する深い愛着と誇りがあった。故郷はたとえ貧しくとも、そこには、きびしい父とやさしい母がおり、幼な友達と、山、川、海、緑の大地があった。志を立てて郷関をでた人びとは、離れた土地で学び、働き、家庭をもち、変転の人生を送ったであろう。室生犀星は「故里は遠くに在りて思うもの」と歌った。成功した人も、失敗した人も、折にふれて思い出し、心の支えとしたのは、つねに変わらない郷土の人びとと、その風物であった。／明治百年の日本を築いた私たちのエネルギーは、地方に生まれ、都市に生まれた違いはあったにせよ、ともに愛すべき、誇るべき郷里のなかに不滅の源泉があったと思う。／私が日本列島改造に取組み、実現しようと願っているのは、失なわれ、破壊され、衰退しつつある日本人の〝郷里〟を全国的に再建し、私たちの社会に落着きとうるおいを取戻すためである〉

田中は『日本列島改造論』のあとがきに、こう書いた。

そこには博労の仕事で不在勝ちな父、留守を預かって田畑を守る母と祖母、雪深い田舎道をたどって働きに出る町の小さな土木事務所で「三番」の女性の面影を思いながら、都会へ出た「明日」を夢見る少年角栄の鬱屈が、そのまま投影されている。

田中が思い描いた列島改造の夢は、新幹線網の延長や全国的な高速道路のネットワークの整備などで具体化されていったが、インフレの進行と石油ショックによって頓挫する。

その上、戦後の高度成長をひた走ってきた日本は高度消費社会の広がりに伴って大都市が地方をのみ込むかたちで、所得水準や生活様式の均質化がすすんで、田中が思い描いたような地域や階層の格差の矛盾は、次第に縮小する傾向が強まって行った。

経済学者の村上泰亮が『新中間大衆の時代』を書いたのは一九八〇年代に入ってからだが、この論文の中で『日本列島改造論』が登場した一九七二（昭和四十七）年前後の日本社会に「新中間大衆」と名付けた大きな国民層が新たに登場したことが指摘されている。

〈彼らは、一元的な階層尺度上の中位者でないという意味で中流階級ではないし、（略）ホワイトカラーだけでなくブルーカラー、農民、自営業主が多く含まれている。それは、構成からみてほとんど「大衆」そのものである。しかし同時にそれは、かつての大衆社会論が主張したような、上位者・指導者としてのエリートに対立する下位者・追随者としての「大衆」ではない。このようなすべての意味を含めて、この厖大な層を「新中間大衆《ニュー・ミドルマス》」と呼ぶことにしたい〉

所得水準ばかりでなく文化や価値観を共有するかつての中流階級と異なり、新たな国民層は職業や地域、文化を横断して広がる新たな集団であり、階層的に構造化されない厖大な「大衆」として国民意識の九割を占める新たな「中間層」を構成する、とこの報告は言う。

所得格差の数値でみても、この時点における「新中間大衆」の膨張と社会格差の縮小は顕著である。富裕層と貧困層の比率で社会の格差をはかる「ジニ係数」は、一九七二年で日本は0・314と、戦後の最低水準の底を打っている。文字通り日本は「新中間大衆」が圧倒的な割合を占める、「格差なき社会」に変じつつあった。

「新中間大衆」は製造業や農業などの業界、商店主、公務員や専門職団体など、それぞれの属性による権益によって「豊かさ」を享受する、と村上は分析している。これは『日本列島改造論』で田中が描いた都市と地方の力学が消費社会の高度化によって変質し、「故郷」という仮想的な日本人の心の拠り所が崩壊しつつあったことを裏付けている。

田中角栄が夢見た「故郷」の幻影は、すでに崩れ始めていたのである。

世代的に見れば田中は大正世代であり、もともと〈国家〉に対する過剰な思い入れは乏しかった。若いころから苦学力行を重ねて、実業の世界で市場社会の洗礼を受けて育ったこともあり、抽象的で権威的なナショナリズムに関心は乏しかったようである。

戦後の復興と成長を経て経済大国へ歩む日本社会が、新たな国家的アイデンティティーを求めて伝統文化や国家的な一体感を求めて手探りするなかで、政治家としての田中が「日本列島改造」に思い描いた〈祖国〉とは、あくまでも自身が後にしてきた「越後」という父母や家族、友垣のある具体的な故郷につながっていた。この政治家にとって「日本」という抽象的な国家観念は、そのはるか彼方にひたすら漠然とだけあったと思われる。

田中の政治はその「故郷」を水源とする、都市へのルサンチマン（怨恨）によって贖われてきたといえば、過ぎるであろうか。総理在任中に官房長官を務めた後藤田正晴は、こんな田中の言葉を記憶している。

〈同じ日本に住んでいて、六ヶ月間、雪に閉ざされているから経済活動ができんのだ。経済活動ができなきゃ、子育てすらできんじゃないか。貧乏で、収入がないんだよ。こんな不公平な世の中があるかい。おれは、それを直すために政治を志したんだ〉

日本社会の中流化による格差の収縮と疑獄事件への関与による田中自身の蹉跌によって未完に終わった「日本列島改造計画」は、田中の「故郷」から発した政治の理想を思い描いたものだった、と後藤田は振り返る。「日本人である以上日本のどこに住んでも、恩恵を平等に受けることができるような国づくり」という観点から、工業再配置や工場の地方分散、拠点都市の形成と新幹線や高速道路網の整備が打ち出された、というのである。

田中はまた、リアリズムの人であった。総理在任中の大きな業績と言われる日中国交回復についても、なにがしかの外交的な理念や歴史観に裏打ちされたものとは思えない。

〈中国は八億の人間がいるんだ。手ぬぐい一本一人に売っても八億本が売れる。今は共産主

義だが、働きだしたら日本の輸出はうんと増えるんだ〉

米大統領リチャード・ニクソンの電撃的な中国訪問をきっかけに、断絶していた中国との国交を回復することは、日米安保条約の下でそれまでの台湾との関係を破棄し、日中間に戦後続いていた「戦時体制」を終わらせることを意味する。台湾と結んできた外交関係を一方的に破棄することへの憤激を高める国内の強硬な反対勢力はもとより、中国政府との交渉で戦時の日本の侵略に対する「謝罪」や賠償の問題など、多くの懸案を見据えた上で、田中は一気呵成に首相の周恩来との交渉に踏み切る。

一九七二年九月。北京の人民大会堂で始まった周恩来ら中国首脳との交渉は、台湾条項をめぐる日本側の主張や田中の挨拶のなかの「謝罪」の文言をめぐって難航したものの、四日目に日中国交正常化の共同声明の調印式にこぎつけた。これは「庶民宰相」のリアリズムが成し遂げげた、歴史に残る外交成果というべきである。

この日中国交回復への決断も「日本列島改造」と同様、戦後の経済成長のなかで「大衆が求めているもの」を知る、田中の政治家の直感が導き出したリアリズムの成果であった。それまでの社会の枠組みやイデオロギーの当否よりも、中国という隣国の八億人の市場を控えて成熟する大衆の欲望を熟知すればこそ、「コンピューター付きブルドーザー」と呼ばれた田中の、天才的とも言われる「決断と実行」の政治は可能であった。

実利に対して果断なこのリアリズムが「田中金脈」を作り、米国のロッキード社から日本の航空会社への航空機受注を巡って受け取った巨額の賄賂となって、宰相の座から田中を追うことになるのは皮肉である。一九七四年十一月、田中は雑誌『文藝春秋』の報道に端を発した、地元新潟の国有地の払い下げなど巨額の不正蓄財問題、いわゆる田中金脈に対する党内と野党、世論の批判を受けて総理の座を辞することを表明する。

〈私は裸一貫で郷里を発って以来、一日も休むことなくただ真面目に働き続けてまいりました。わが国の前途を思いめぐらすとき、私は一夜、沛然《はいぜん》として大地を打つ豪雨に、心耳を澄ます思いであります〉

総理の座に就いた時、越後の故郷で母親のフメは新聞記者に語っている。

「総理大臣がなんぼ偉かろうが、あれは出稼ぎでござんしてね。政治家なんて、喜んでくれる人が七分なら、怒っている人も三分ある。それを我慢しなきゃ」

母の言葉を背にして徒手空拳のまま宰相の座につき、戦後日本の成長の宴を演出した人。そのさなかに疑獄事件に問われて座を追われた田中は、刑事被告人という身分のまま一九九三（平成五）年に病で逝った。雪深い越後の〈故郷〉には高速交通網がめぐり、都市部といささかも変わらない人々の暮らしが広がっていた。田中の末期の目に、その風景はどう映ったのか。

〈昭和〉の遠雷――團伊玖磨と菱沼五郎

一九七三（昭和四十八）年に作曲家の團伊玖磨《だんいくま》は日本芸術院の会員に選ばれた。皇居宮殿で昭和天皇が催す小さな祝宴があり、その年の芸術院賞の受賞者らとともに團は席につらなった。天皇を囲んで陪食にのぞんだのは十数人の招待者である。

七十二歳の天皇の左の席に日本芸術院院長で経済史学者の高橋誠一郎、右側の席に彫刻家の北村西望が座った。ともに元気であったが卒寿に手が届く高齢である。

爽やかな初夏を迎える季節で、天皇は上機嫌だった。前菜が終わって、料理が鼈《すっぽん》の白葡萄酒煮に移った時、隣席の北村にお声がかかった。

「北村は元気そうだが、何歳になったたか」

礼装姿の北村があわてて口髭を整え、威儀を正して答えた。

「本日は好天に恵まれまして、宮殿のお庭の皐月《さつき》も殊のほか美しく咲き出《い》でました」

怪訝な表情で受け答えを聞いていた天皇は、やがて耳が遠い北村のことに気づいて、今度は高橋に声をかけた。

「高橋は相変わらず元気か」

間髪を入れずに高橋が甲高い声で問いに応じた。

「お陰さまで慶応大学は創立百十周年を迎えましてございます」

またしても天皇は吃驚して瞬時の沈黙が宴の席を支配したが、やがて大きく破顔した。聴覚が衰えた高齢の陪食者と自分とのちぐはぐなやり取りに気付いた天皇の、大きな笑い声につられるようにして、團をはじめ列席者の笑い声が重ってさんざめいた。

和やかにはじけた祝宴の空気に身をゆだねながら、北村の隣席の團伊玖磨はこれまで何度か身近に接した昭和天皇との縁に思いを巡らせている。

幼いころ、天皇は〈神〉であった。通っていた青山の小学校では観兵式や地方への行幸で天皇の鹵簿《ろぼ》が通る時、生徒を沿道に並ばせて送迎した。彼方から馬車の蹄が路面を打つ音が響き始め、通過するまでは一同が深々とこうべを垂れた。視線を上げて馬車の奥の〈神〉の姿を盗み見ることは禁じられていたが、子どもたちはその禁を時に破った。

よく覚えているのは昭和十年、日本が植民地にした満州国の皇帝、愛新覚羅溥儀《あいしんかくらふぎ》が来日して、覆いのない馬車に天皇と並んで座って青山通りを行進した時のことである。

礼装の皇帝は白い羽飾りを頂いた帽子をかぶり、行列の見えなくなるまでそれが蝶の戯れのように揺れ続けていた。傀儡《かいらい》国家の皇帝となった清朝のラスト・エンペラーという存在をまだ理解しない子供にとって、遠く美しい夢を見ているような記憶である。

学校では紀元節や天長節といった国家の節目の行事の際に式典が行われ、国歌の斉唱や教育勅語の朗読とあわせて、天皇皇后の「御真影」の前で子供たちは最敬礼した。

しかし、團が謁見というかたちで昭和天皇と初めて直に接したのは昭和二十年春、日本が敗戦への坂道を転げ落ちていく最後の時期の、やはり春先の頃であった。

戦前、成年に達した華族の長男は従五位に列せられるならわしだった。陸軍戸山学校軍楽隊に属する上等兵で男爵家の長子という立場だった團は、通知を受けて軍装でその儀式に参内したのである。戦争末期の激しい米軍の空襲を受けて、東京の町はすでに焼け跡が目立ち、皇居のなかもあちこちが焼けただれていた。

焼け残った仮設の広間には六十人ほどの若者が第一種軍装で集まっていた。

遠くからサーベルの音が聞こえて、軍装であわただしく現れた四十四歳の昭和天皇は中央の演壇に立って敬礼を受けた後、一人ひとりの謁見者を凍りつくような鋭い目で見据えた。一言も発しない天皇は、まさしく〈神〉を演じていたのであろう。

土器に注がれた白酒、黒酒を頂いて、若者たちは戦雲が低く垂れこめる荒れ果てた町へ戻って行った。天皇の〈人間宣言〉は、それからおよそ一年後のことである。

二十年を経た一九六六（昭和四十一）年、團は日本芸術院賞を受けて上野の日本芸術院会館で授賞式にのぞんだ。会場では天皇が出席して、その活動の実績の資料をもとにして受賞者から説明を受けるのである。ともに受賞した作家の永井龍男は紋服姿で自分の作品の初版本を展示している。團は自作の楽譜やレコード、オペラの舞台写真などを並べた。

「夜店に古本屋とレコード屋の親父が立っているみたいだ」と二人は自嘲した。

天皇は團たちの説明に「あ、そう。なかなか大変だね」と気さくに答えた。あの〈神〉がのり移ったような、恐ろしくも近づきがたい天皇はそこにはいなかった。

その秋の園遊会で沢山の招待客と並んでいた團の前で、天皇は立ち止まった。「どう、相変わらず作曲をやっていますか」という問いに「はあ、相変わらず作曲をいたしております」とおうむ返しに答えて笑うと、天皇は楽しそうに笑って応じた。

考えてみればそれだけのことなのだが、團は自分の作曲家としての人生と昭和天皇との時代の縁というものを改めて思うことがあった。

幼い日の「あの日」の記憶が蘇る。何も事情を知らない少年であったが、あれはやはりこの国がいくさへ迷い込んで破滅へ導かれる、歴史の兆しだったのではないか。

一九三二（昭和七）年三月五日。身を切るような早春の冷気が残る朝のことである。

祖父で三井合名理事長の團琢磨《だんたくま》がベルギー名誉領事のモズレーから譲り受けたという東京・原宿の広大な屋敷で、八歳の伊玖磨は風邪をひいて休んでいた。

会社から役員会への出席を促す二度目の電話があり、前年に起きた満州事変への対応などで訪れた財界人と接客していた琢磨が午前十一時過ぎに邸を出てからしばらくして、屋敷の中がにわかに騒がしくなった。

出社途中の琢磨が日本橋の三井本館前で暴漢に狙撃されたというのである。父の伊能があわただしく身なりを整えて玄関を出たが、忘れものに気づいてすぐに舞い戻った。庭から二階へ向かって「名刺、名刺」と叫んだ父に向かって、母がベランダから名刺入れを放り投げると、それは空中でばらばらになって花弁のように空中を舞った。

祖父の琢磨はほとんど即死の状態だった。前夜、満州事変の調査で国際連盟から派遣された英国のリットン卿を帝国ホテルに迎えて会食したあと、帝劇で翻訳劇の「トルイカ」をともに鑑賞した。「雪ばかり降る陰気で嫌な芝居だった」と漏らしていたという。

事件の現場で右翼団体の「血盟団」を名乗る二十歳の若者が逮捕された。茨城出身の菱沼五郎といい、農村の疲弊に悲憤慷慨して、私腹を肥やす財界首脳を「天皇」の名で正そうという、井上日召の「一人一殺」の思想に共鳴して犯行に及んだ、と供述した。

戦後、復員して作曲の道を歩み始めた團は一九四七年、NHKのラジオ放送に向けた歌曲を求められて「花の街」を作り、これが定時番組の主題曲として実に十一年間にわたって国民に親しまれる、戦後を代表する歌曲となった。

〈七色の谷を越えて／流れていく　風のリボン／輪になって　輪になって
駈けていったよ／春よ　春よと　駈けていったよ

美しい海を見たよ／あふれていた　花の街よ／輪になって　輪になって
踊っていたよ／春よ　春よと　踊っていたよ

すみれいろしてた窓で／泣いていたよ　街の窓で／輪になって　輪になって
春の夕ぐれ／ひとりさびしく　泣いていたよ〉

のちに「夏の思い出」などで知られる詩人の江間章子の詞に曲をつけるとき、團の曲想に突然蘇ったのが、幼い日の網膜に焼きついた「あの日」の光景である。

屋敷の二階から庭先の父に向けて投げられた名刺の束がほどけて、ひらひらと三月の冷気のなかに舞っている。凍てついた朝の記憶がなぜか、空襲の焼け跡も生々しい戦後の荒廃のなかで「花が舞う街」のイメージを結んだ。「輪になって」のリフレインが花弁の舞に重なって旋律が動き出したのである。

作詞を手掛けた江間がのちになって回想している。

〈「花の街」は私の幻想の街です。戦争が終わり、平和が訪れた地上は、瓦礫の山と一面の焦土に覆われていました。その中に立った私は夢を描いたのです。ハイビスカスなどの花が中空に浮かんでいる、平和という名から生まれた美しい花の街を。詩の中にある「泣いていたよ　街の窓で……」の部分は、戦争によってさまざまな苦しみや悲しみを味わった人々の姿を映したものです。この詩が曲となっていっそう私の幻想の世界は広がり、果てしなく未来へ続く「花の街」となりました〉

戦後の團はそれから童謡の『ぞうさん』を作り、日本の民話に取材したオペラの代表作『夕鶴』を作り、映画音楽や皇太子成婚を祝う『祝典行進曲』、古事記や日本書紀を題材にしたオペラ『建（TAKERU）』など、さまざまな作品を発表する。

そうした生涯の仕事を貫いて音楽の底に流れる精神を敢えてたどれば、昭和天皇という大きな陰翳とともに歩んだ「昭和」という時代の光と陰ということになろう。

終戦の日から五ヶ月に満たない一九四六（昭和二十一）年の年頭、昭和天皇は「新日本建設に関する詔書」でいわゆる「人間宣言」を発した。

〈朕《チン》ト爾等《ナンヂラ》国民トノ間ノ紐帯《チウタイ》ハ、終始相互ノ信頼ト敬愛トニ依リテ結バレ、単ナル神話ト伝説トニ依リテ生ゼルモノニ非ズ。天皇ヲ以テ現御神《アキツミカミ》トシ、且《カツ》日本国民ヲ以テ他ノ民族ニ優越セル民族ニシテ、延《ヒイ》テ世界ヲ支配スベキ運命ヲ有ストノ架空ナル観念ニ基クモノニモ非ズ〉

「現人神《あらひとがみ》」を自ら否定した天皇は、その年の春から全国各地の地方巡幸を通して「象徴天皇」という新しい顔を国民の前に示した。それは廃墟から立ち上がろうとしている人々から熱狂的な支持を受けた。復旧がままならない鉄道と車を乗り継ぎ、瓦礫に覆われた東京の下町や関西の街、東北の農村から北海道や九州まで足を延ばして、肉親を失い、家を焼かれた人々の傷心に連れ添った。團伊玖磨が作曲した「花の街」の旋律が、人々の心に響いていた頃である。その旋律を天皇が耳にすることが、あったのかどうか。


歴史の作為としか思えない奇遇が、時の経過によって起こることがある。

日本芸術院の会員となった團が昭和天皇の祝宴で宮中に招かれて、長老の会員たちを交えた微笑ましい時間を過ごした年の翌年、一九七四（昭和四十九）年の秋である。

茨城県で開かれる国民体育大会の開会式が十月十二日に予定されており、出席する昭和天皇は前日から会場の水戸市に入った。昼前に県庁で知事の岩下二郎や水戸市長、県会議長らの拝謁があり、続いて知事が県勢の概要について奏上した。

開会式は翌日、笠松運動公園で行われた。天皇は侍従長の入江相政らを伴い、午前十時前に宿舎のホテルを出発する。市内の弘道館や偕楽園、護国神社などを巡って昼食の後、会場の開会式に臨んだ。開会の式辞を述べる天皇に供奉《ぐぶ》者として知事、市長、県会議長がついた。誰あろう、この供奉者の県会議長こそ、かつて三井本館前で團の祖父の琢磨をブローニング銃で狙撃して殺害したテロリスト、菱沼五郎その人であった。

二十歳で無期懲役の刑を受けて服役した菱沼は、七年後に紀元二千六百年の恩赦で釈放され故郷に戻った。小幡五朗と名前を改めて水産業に身を投じ、戦後成功したのちに県漁連を足場に自民党から茨城県議員に当選、前年に第六十七代の県会議長に就任していた。

小幡はそれまで東海村の原子力再処理施設の建設に反対していた県漁連の立場を変更させて、動燃事業団（現日本原子力研究開発機構）と施設設置に伴う漁業補償協定を同じころ結んでいる。見返りとして受け取った不透明な巨額の補償金や調整金を巡って国会で追及を受けて、この供奉の一年後に県会議長を辞任する。

昭和史の闇の中から戦後の経済成長のさなかにひっそりと蘇った男が、かつて犯した暗殺事件の大義として仰いだ昭和天皇に、至近で供奉するという風景がそこにあった。そのことを天皇は知っていたのか。そして小幡五朗の胸中はいかばかりであったのか。

昭和天皇が戦争を積極的に推進した政治家や軍の指導者に戦後も不快感を抱き続けていたことは、その後の一九七八年、靖国神社が元外相の松岡洋右や元駐イタリア大使の白鳥敏夫らのA級戦犯を合祀したことに強い憤りを露わにしたという、宮内庁長官だった富田朝彦のメモなどからも明らかにされている。北一輝ら民間の右翼と結んだ二・二六事件で決起した皇道派の革新将校グループを「反乱軍」と諌《いさ》めた天皇であってみれば、その違和感は戦後にわたって一貫して持続していたことだろう。

一九八九（昭和六十四）年一月、昭和天皇崩御。

二月二十四日、如月《きさらぎ》の霙交《みぞれ》じりの雨のなかで大喪《たいそう》の礼《れい》が、新宿御苑で行われた。白木造りの葬場殿にしつらえられた巨大な吹きさらしの幄舎《あくしゃ》に、米大統領のジョージ・ブッシュや仏大統領のフランソワ・ミッテランら海外からの元首、王族、要人が寒さに震えながら葬列を待つなかに、昭和天皇の棺が到着した。

葱華輦《そうかれん》に棺が移され、黄幡《おうばん》と白幡《はくばん》をたなびかせた先導の列に続いて、笙《しょう》と篳篥《ひちりき》に笛の古式ゆかしい奏楽に合わせて、葱華輦を支える五十人の壮丁が歩みを進めた。玉砂利を踏みしめながら進む足音だけが、氷雨のなかに響いた。

幄舎の中の会葬者席に連なっていた團は、寒さに身を強張らせながら眼を閉じた。

ちょうど一週間前に皇居・宮殿の松の間で行われた殯宮祇候《ひんきゅうしこう》の儀では、昭和天皇の霊柩の前の菊灯台が消えると、四十分もの間にわたって無明の黙禱が行われた。音のない、闇に包まれた時間に身を任せながら、列席者とともに瞑目した團は、彼方から響いてくる昭和の音を聞き、その凍てついた遠い情景を蘇らせていた。

瞼の裏には満州事変の頃の自分の小学生姿が浮かんだ。さらに日中戦争の頃の中学生姿の自分がいた。第二次世界大戦中の音楽学校の学生だった自分は、軍楽隊の兵装だった。敗戦の年の春の東京大空襲で、紅蓮《ぐれん》の炎に追われて逃げ惑う姿は襤褸《らんる》に包まれていた。テロに倒れた日の朝の祖父の姿と、帝都が雪に埋まった二・二六事件の日の号外が配られている街角のはるかな記憶。そして、一瞬に二十数万の生命を奪ったあの地獄の空に咲いた恐ろしい茸雲が真夏の空に立ち昇るのが見えた。アジア、太平洋、国内各地で流された血が巨大な滝になって落ちるのを、長い黙禱の闇の向こうに見たように思えた。

大喪の礼が終わって、平成の世に移った翌年秋――。

敗戦から復興、そして成長の時代を経て、バブル経済の余熱が続いていた。

葉山の自宅の居間からのぞむ相模湾は台風が近づいて鈍色《にびいろ》に打ち沈んでいた。

たれ込めた雲間から遠雷が響いた。

朝食を済ませて新聞を広げた團の目に、小さな社会面の訃報が飛び込んだ。

〈小幡五朗氏（おばた・ごろう＝茨城県会議員）三日午後十一時三十分、肝不全のため、茨城県〇〇郡〇〇町の県立中央病院で死去、七十八歳。葬儀・告別式の日取り、喪主は未定。

右翼の指導者井上日召の門下生として昭和七年、菱沼五郎の名前で血盟団事件に加わり、財界大立者の三井合名理事長、團琢磨を射殺した。無期懲役の判決に服した後、恩赦で出所、右翼運動から離れた。地元漁協などに推され、県議八期。県会議長、県漁連会長なども務めた〉

恩赦で地元の茨城県に戻り、水産業に身を投じて成功した小幡五朗は戦後、地方政界に転じて県会議長にまで上り詰めた。そして一九六七（昭和四十二）年、東海村の原子力再処理施設の建設推進へ向けて英国、フランス、西独、ベルギーなど欧州の原子力再処理施設を視察し、次のようにその報告をまとめている。

〈放射能被害の歴史的経験を有しているわが国においては、放射能については各国と比較にならないほど、国民の間に一般的恐怖感が存在しており、さらに産業公害の悪影響のために苦しんできた沿岸漁民にとって、これらの歴史的事実を切り離して、本事業を新しい「公害を伴わない産業」として受け入れることを期待しても、しかし簡単には受け入れられない歴史的背景ならびに精神的土壌が根強く存在している〉

血腥《ちなまぐさ》い戦前の履歴を封印して地方の保守政治家に転じ、沿岸漁民の権益と原子力再処理施設の受け入れを巡るきわどい駆け引きのなかで、小幡は慌ただしい戦後を生きた。

四半世紀後に起きた東日本大震災による福島第一原発事故で、原子力発電の安全性が根本から問われ、この国が文明の岐路に立つことはもちろん予期することもなかったであろう。

生前にこの人物の評判を聞くことも、團にはあった。立派で穏やかな人、というのがその評価だった。そのことに團は格別の感慨を覚えたわけではない。一度雑誌の企画で対談を持ちかけられたことがあったが、先方が辞退して実現に至らなかった。

昭和天皇はどこかで「花の街」の旋律を耳にしたことがあったろうか。小幡五朗はどうだったのだろう――。遠雷は〈戦後〉という時間の終わりを告げているようでもあった。

MADE IN JAPAN——本田宗一郎と城山三郎

米国オハイオ州の州都コロンバスから田園地帯に入った町、メアリーズビル。秋が深まって感謝祭が近づく季節になると、朝は九時過ぎまで夜の帳が下りたままで、午後は三時を過ぎればもう夕闇が迫って、周囲の森や田園は灰色の視界に沈んでしまう。

そんな農村の広大なトウモロコシ畑の一角に、日本の自動車メーカーとしては初めて米国ホンダが乗用車工場を建設し、米国産の〈アコード〉第一号を送りだしたのは、一九八二（昭和五十七）年十一月一日のことである。

戦後、日本経済の浮揚で欧米を追い上げる日本が国産車の輸出で米国市場を席巻し、米国の産業界や世論が「集中豪雨」と批判の嵐を広げていたころである。

米国の自動車産業に工場閉鎖やレイオフが相次ぐなかで、小型で高品質な日本からの輸入車は市場の二割を超えた。ある上院議員は「日本車の輸入を半分に規制せよ」と主張し、UAW

〈全米自動車労組〉を中心に日本車排斥キャンペーンが行われて、その映像がテレビを通して日本にも伝えられた。自由な市場経済を誇りにしてきた覇権国家が、輸出攻勢で影響力を強める〈日本〉を標的に保護主義の苛立ちを爆発させていた。

星条旗を背景に掲げて、男が中古のトヨタ車に向かってハンマーを打ちおろす。「こいつが俺たちの仕事を奪った」。ひしゃげたボディーの周囲に喝采が沸き起こる。そんな空気のなかで、ホンダの〈アコード〉のオハイオ現地生産計画が具体化していった。

ほしいままにガソリンを消費しながら、流れるようなデザインの大型車がハイウェイを疾駆してゆく。そんな米国の自動車文化に翳りが萌したのは、一九七三年の石油ショックと、自動車排気ガスの大気汚染や健康被害で公害問題が世界的に広がったことである。こうした環境の変化のなかで、ホンダの〈アコード〉は省エネルギー設計で世界に注目された小型車であり、「日本製を超える水準を目指す」ことがオハイオ製アコード生産の合言葉であった。ホンダの海外生産はすでに世界四十ヶ所に広がっていたが、自動車王国の名をほしいままにしてきた米国で初めて現地生産に踏み切り、ミシシッピ河の東側の市場で年間十二万台をこの工場から生みだすという計画は壮大であり、世界に溢れる〈MADE IN JAPAN〉の「現地化」へ向けた、日本の自動車産業の大きな挑戦でもあった。

〈私たちのアメリカン・ドリーム〉

〈米国勤労者精神の輝かしい実例〉

生産開始の当日に配られた広報資料にはそんな言葉が躍っていたが、オハイオでの生産が始まると、米国のメディアはさっそく批判的な報道を次々と繰り広げた。全国紙の『ウォールストリート・ジャーナル』はホンダの工場が工業廃水を大量に排出し始めたため、地元の下水道料金が二倍に跳ね上がったと報じた。完成車の陸送用の道路が拡張されたため交通事故の危険が増え、地元からの雇用も当初計画の二千人には程遠い、なども指摘した。

ホンダの創業者、本田宗一郎は浜松の小さな二輪車メーカーから出発し、性能とスピードやデザイン、環境への適応や新技術の導入など、日本の生産技術のあくなき追求を通して世界的なブランドに育てた。オハイオ工場はそんな本田の歩みの一つの到達点である。戦前は安物や粗悪品の代名詞であった〈MADE IN JAPAN〉を高品質と洗練のイメージに塗り替えた日本が、米国という異質な風土でそれを実現する試みにほかならない。

それゆえに、日本の生産現場が育ててきた職人的な技術と労働へのモラール（士気）を米国人従業員に教えることが、米国現地生産の重要な条件となった。オハイオの操業開始に先立って米国人従業員百五十人が埼玉県の狭山工場に送り込まれ、約二ヶ月間にわたって実際の生産ラインで研修を受けた。チームワークや品質管理の徹底など、日本的な経営と工程管理を直接学んでオハイオへ持ち帰るのである。

もともと本田宗一郎という特異な経営者に大きな関心を寄せていた作家の城山三郎は、ちょうどこの時期にホンダをモデルにして小説『勇者は語らず』を発表した。この小説は、オハイオでの現地生産へ進出を促され、決断した下請け会社の社長が病に倒れるところで結ばれている。本田宗一郎という経営者と成長するホンダという企業に深い関心を寄せてこの作品を書いた作家はそこに「戦後」の日本の大きな夢と葛藤を見ようとしている。

自動車メーカーの部長と下請け会社の社長の間の友情と確執を軸にしたこの作品は、厳しい品質管理やメーカーと下請けの過酷な関係から深まる従業員や家族の犠牲など、日本型経営と呼ばれるシステムの負の側面も視野に入れながら、輸出産業を梃子にして驚異的な高度成長を遂げてきた戦後の日本経済の断面を主人公たちに語らせている。

〈アメリカ製部品の高い装着率を義務づけるローカル・コンテント法案の行方も、心配である。／さし当って、アメリカ川奈では、かなりの部品を日本から運んでくる計画だが、この法案の内容しだいでは、日本製部品の輸入が大幅に禁止されることになる。／代りに品質の劣ったアメリカ製部品を使えば、カワナの性能も落ちざるを得ない。それを防ぐには、やはり一日も早く、山岡のような部品業者が進出し、日本人の息のかかった米国製部品を供給し

てくれることである〉

厳しい経営環境のもとでオハイオへの進出を求められた下請会社の社長は言う。

〈「まちがったのは、アメリカじゃありませんか。省エネ時代だというのに、小型車にまともに取り組もうとしなかった。下請けもふくめて、どれだけ技術や設備の改善をやり、品質管理をやったというのですか。その上、空前の高金利政策。庶民はローンに手が出なくなる。アメリカは、自分で自分の首を絞めたのです。なぜ、それを日本側はいわないのですか」〉

それに対し、主人公の部長が応える。「勇者は語らず、さ」と。

「経済小説」という領域を切り開いた城山が作家としてデビューした作品は、一九五七（昭和三十二）年に文學界新人賞を受賞した「輸出」である。

ロサンゼルスに駐在する日本の商社員が自分や家族を犠牲にしながら、法をかいくぐって〈MADE IN JAPAN〉の売り込みにしのぎを削る。東京からの理不尽な社命と現実との間に引き裂かれながら左遷や精神の変調をきたす海外駐在員の姿を通して、高度成長期へ向かう日本経済の断面を描いている。地味な作品ではあるが、ビジネスを通して組織と個人の軋轢を描くその後の城山の作品の基調が浮き彫りにされている。

廃墟から立ち上がって豊かな社会への坂道を上る戦後日本の担い手たちをとりあげることで、城山は日本人の自信をかきたて、共感を深めた。石坂泰三、中山素平、石田禮助といった、凛々たる志操を持った経営者を好んで描く一方で、日本の自動車産業の現場を描いたこの『勇者は語らず』や、戦後の産業政策を主導した通産官僚がモデルの『官僚たちの夏』、総合商社という日本の企業組織を通して組織と人間の在り方を問いかけた『毎日が日曜日』など、高度成長期の産業社会を生きる第一線の日本人の内実をリアルに描いた作品は、この作家の同時代の造形として、最も切実な主題を伝えるものであろう。

戦後の高度成長期を支えた企業人や官僚たちを主人公に据えた城山の「経済小説」は、ビジネスを通して新たな世界を切り開く同時代の日本人からの支持を集めるとともに、作品を通してその生き方を鼓舞した。なかでもホンダをモデルにして、はじめて米国での現地生産に踏み切る日本の自動車産業を描いた『勇者は語らず』は、創業者の本田宗一郎の姿と生き方に触発された戦中派の城山が、〈戦後〉という新たな時代に託した日本企業の挑戦と現実との葛藤を描いたものであり、作家としての大きな問いかけでもあった。

戦中派として海軍特別幹部練習生となり、身をもって経験した日本の軍隊組織の非人間性を通して日本という社会と風土への懐疑を深めたこの作家は、理不尽な戦争体験をくぐりぬけた先の〈戦後〉という新たな天地で、小さな町工場から世界企業に飛躍するこの企業とその指導者に、ある理想のかたちを見ようとしたのである。

城山は熱烈な軍国青年として戦争を経験した。聖戦の大義を信じて予科練を目指したが果たせず、志願入隊した軍隊では、本土決戦に備えた「水中特攻」の夜間突撃訓練を繰り返したあげく、広島の原爆投下を目撃して終戦を迎えた。「天皇」の名で「個人」がすべて抹殺され、不条理がまかりとおるなかで、同世代の多くが特攻で散華《さんげ》していった。

城山の長男の有一は戦後、作家になってから城山が自宅の書斎にこもって深夜、音を絞ったレコードで軍歌に耳を傾け、すすり泣いていた情景を覚えている。長女の紀子は城山がなくなる前の入院先で、何人かの軍隊仲間の名前を口にした後、「どうして僕だけここにいるのかな」とつぶやいていたのを記憶している。敗戦のあとすぐに東京商大（現一橋大）の予科に入って間もなくカトリックの洗礼を受けたのも、忠君愛国から連合軍の占領体制へと戦争を挟んだ激しい価値の転換が、そのような心の転位を促した結果であろう。

こうして迎えた戦後の日本は、製造業と輸出産業の高度な展開を通して焼け跡から驚くべき復興を果たした。一九五六（昭和三十一）年には経済白書で「もはや戦後ではない」とうたい、所得倍増計画などを梃子に世界第二位の経済大国に成長してゆく姿は、経済学を教える大学教員であったこの作家も十分に予測するところではなかった。本田宗一郎のような、自立心と冒険心に富んだ企業家と日本の企業があればこそ、それは可能になったのである。

ところが、その後の日本経済の膨張に伴う欧米からの〈ジャパン・バッシング〉（日本たたき）の嵐と日米構造協議などを通した経済摩擦の深刻化、さらに日本企業による米ニューヨークのロックフェラーセンター買収などを経て、一九八〇年代の日本はバブル経済のピークとその崩壊へ向かう。この作品で描かれた米国オハイオでの初のホンダの現地生産は、一九八〇年代の日本経済の興亡を映すことにアイロニカルな序曲となった。

すでに、一九七九年にはエズラ・ヴォーゲルが『ジャパン・アズ・ナンバーワン』で日本の経済発展と日本型経営の優位性を高く評価して、ベストセラーとなっていた。

戦後の日本経済の「奇跡」に対する礼讃が基調だった、米国を中心とする日本論がそれ以降、いわゆる「日本異質論」（リヴィジョニズム）の色調を強めて、その「脅威」への警戒とともに、日本の社会システムや文化的な価値にまで批判的な論調を広げてゆく。その背景には、国内経済の不調に苦しむ米国にとって日本の存在が現実的な脅威になっていたこと以上に、かつて占領下にあった敗戦国家の興隆に対する、無意識のなかの警戒感や異質の感覚もあったはずである。例えばC・プレストウィッツは『日米逆転——成功と衰退の軌跡』（一九八八年）で、このように指摘している。

〈これが問題の核心だった。アメリカが赤字を小さくしたいと思っていることは否めない。しかし対日貿易の不均衡が生み出した強い感情は、日本はフェアでない、自国製品は外国市

場に喰いこみを深める一方なのに、他国には自国市場を固く閉じているではないか、という感情に根ざしている〉（國弘正雄訳）

ジェームズ・ファローズは『日本封じ込め――強い日本VS巻き返すアメリカ』（一九八九年）で、別の観点から〈MADE IN JAPAN〉の強さと特殊性をこう分析した。

〈日本はアメリカがかなわない文化的優越性を二つ持っている。一つは統一民族の感覚であり、もう一つは努力のために努力する伝統である。前者は社会的信頼の範囲を拡大し、国民一人残らずを包含させる。後者は金とか個人的利益よりも重要なものを人々に与える。これら二つの優越性によって、日本はほとんどすべての人々の努力を生産的な目標に糾合することができる。これらはアメリカの文化的前提とは非常に異なっている〉（大前正臣訳）

日本の「異質性」を強調してその経済行動に批判を強める米国に対し、「勇者は語らず」としてきた日本の企業人から反論や自己主張が現れたことも特筆に値しよう。ソニーの創業者の盛田昭夫による『MADE IN JAPAN』はまさに、日本異質論に象徴される米国の「日本たたき」に日本の企業人として正面から反論した著作である。

〈日本の企業では、社員はしばしば会社の将来のために進んで当面の利益を犠牲にする。それは自分が長期にわたり、その会社で働くことが確実だからである。忠誠心は、労使間に相互の係わり合いがあってこそ生まれるものである〉

このような日本側から「日本型経営」と呼ばれるシステムを擁護する論説は摩擦を和らげることにはつながらず、世界の市場に対する〈MADE IN JAPAN〉の急激な拡大とジャパン・マネーの流出は対立をひときわ広げた。バブル化した日本経済は企業が抱える余剰な資金を対米投資に振り向け、一九八九年にはソニーによる米コロムビア映画や三菱地所によるニューヨーク・ロックフェラーセンターの買収など、米国の老舗企業や象徴的な不動産の買い占めという形で、対外膨張のピークに達するのである。

輸出立国で走り続けてきた日本経済が、高度成長の到達点で直面した対外摩擦とバブル経済の崩壊は、城山三郎にとって戦後という新しい時代に託した夢が大きく姿を変えたことを意味した。それは本田宗一郎が描き続けた「実」の経済が見失われ、マネーと投機の「虚」の経済がそれに代わろうとする、グローバリゼーションの陰画にほかならない。

バブル経済がはじけて大手証券会社の巨額損失補塡事件が発覚した一九九一年、城山は「本田宗一郎は泣いている」と題した文章を月刊誌に発表する。

利益至上主義を排して、社会に役立つ事業を構想する。そのための設備投資は惜しまず、技術と経営を分けて分権的に企業を動かす。優れた自動車を作るという「実」に経営を徹底して、国の行政指導などには正面から対決しながら国際市場に打って出る——。こうした本田の姿勢に、城山は戦後日本の産業界における理想的なリーダー像を見出した

〈私は本田さんを、最も優れた日本人の一人だと思います。社会事業を応援しても自分の名前を出したがらぬ淡白な人で、そういう意味での身ぎれいさ、あるいはトップの座を退く時の引き際の潔さは、日本人が一番高く買う美徳です。そして思いやり。これも日本人の心を一番打つ要素です。それに純粋さ。だから本田さんという人物は、日本人にとっていちばんわかるタイプの人だったと思います〉

（「本田宗一郎は泣いている」）

その共感と賛辞は〈MADE IN JAPAN〉の輝きからマネーと投機という「虚」の経済へ向かって混迷を深める日本の企業へ向けた、城山の深い懐疑に重なっている。

二輪車を製造する町工場から身を起こした本田宗一郎は、もの作りの技術者としての独立心と自由な競争へ向けた強い信念を隠すことなく、経営の場を歩んできた。

「バカヤロー、お前たち官僚が日本を弱くしてしまうんだ」。

一九六一年、国際競争力の強化を目指す通産省（現経産省）が自動車製造への新規参入を規制する「特定産業振興臨時措置法」を推進しようとしていたとき、乗用車へ進出を計画してい

た本田は通産省の廊下で担当する官僚に向かってこう叫んだ。

新しい技術へ向かって常識を破り、失敗を恐れずに立ち向かって行く、技術者魂の結晶の一つが、一九五八年に売り出した小型バイクのスーパーカブである。何度も失敗を重ねながら五〇ccの小さなシリンダーヘッドに見合うプラグの開発と自動遠心クラッチという、年齢や性別を超えてだれでも自在に乗りこなせる技術を開発した。新技術と創意工夫が市場を開いたのである。

低公害エンジンCVCCの開発もそうである。自動車排気ガスの公害が深刻になった一九七〇年、米国でこれを規制するマスキー法が成立する。日米のどの自動車メーカーも対応できる技術は不可能と見たこの時代、本田は燃料を完全燃焼させる低公害エンジンの開発にいち早く乗り出し、二年後にこれを搭載したシビックを発売した。

反骨と自由な技術者魂を経営者として貫いた本田の生き方は、城山にとって〈MADE IN JAPAN〉が品質と技術を誇るブランドとして世界にはばたいた、この時代の日本の企業家精神を体現した人物であった。グローバル化のなかで企業が金融投機に走り、利益至上主義と株価に踊った挙句、バブル経済の崩壊に向かっていた一九九一年、本田は八十四歳で逝った。作家はその生き方に戦後の〈日本〉という国の歩みと、自らの人生を重ねていたのであろう。

城山三郎は「旗」という詩を遺している。

〈旗振るな／旗振らすな／旗伏せよ／旗たため
社旗も　校旗も／国々の旗も／国策なる旗も／運動という名の旗も
ひとみなひとり／ひとりには／ひとつの命〉

個人の運命をたやすく翻弄する国家や集団の〈旗〉をこう見立てた戦中世代が、戦後に生まれた闊達で自由な企業とそのリーダーに見出した〈希望〉は何だったのか。

グローバル化と情報化のなかで、城山三郎はかつての輝きを見失いはじめた日本の企業にどのような思いを抱きながら、舞台を去って行ったのか。

第四章

それから——〈日本〉という作法

分去れの道——正田美智子と須賀敦子

阪神淡路大震災という未曾有の大災害が起こる一方で、地下鉄サリン事件など都市の平穏を揺るがす不穏な事件があった一九九五（平成七）年、六十一歳を迎えた美智子皇后はのちに御歌集『瀬音』におさめられた「道」と題する一首を詠んでいる。

〈かの時に我がとらざりし分去《わかさ》れの片への道はいづこ行きけむ〉

——一人の女子学生だった私があの時、民間から初の皇太子妃という道を断ってもう一つの道を選んでいたら、どのような現在を迎えていたのだろうか——。

長男の皇太子が結婚した後、多忙を極めた皇后としての公務とそれに伴う周囲や世論とのさまざまな軋轢がストレスとなって、突然言葉を発することができなくなる苦しい日々もあった。

それが硫黄島、小笠原諸島への慰霊の旅をきっかけに回復した頃である。

この年は天皇とともに阪神淡路大震災の被災地への慰問に続いて、夏には長崎、広島、沖縄などへの「慰霊の旅」を重ねた。豊かな社会の日常を災害で突然引き裂かれ、あるいは戦争の痛みを今も引きずる国民と直接向き合い、まなざしと言葉をかわすなかで、皇后のなかにはある手ごたえと確信が育っていったのかもしれない。バブル経済の崩壊と長い不況のなかの日本にあって、平成皇室を担って国民と哀歓をともにしてゆくという秘めやかな決意が、その遠い青春の日の人生の岐路を振り返らせたのだろうか。


東京・広尾にある聖心女子大学は一八〇〇年にフランスで設立されたカトリックの女子修道会「聖心会」を母体として、一九一六（大正五）年に日本で発足した聖心女子学院専門学校をルーツとする。世界に百七十校にのぼる姉妹校を持つ、いわゆるミッションスクールの草分けであり、日本でも多くの女性の指導的人材を育んできたことで知られる。

日清製粉の経営者、正田英三郎と冨美子の長女、美智子は聖心女子学院中等科・高等科から一九五三（昭和二十八）年、この大学の文学部外国文学科に進学した。

恵まれた家庭に育まれた「知識と情操ゆたかな才媛」と形容すれば、ありきたりのブルジョワの令嬢を想像する。軽井沢の「テニスコートの恋」と「平民」から初めて選ばれた皇太子妃という、シンデレラ・ストーリーは、ひときわその通俗なイメージを高める。

しかし、正田美智子が歩んだ道を振り返ってみると、その生い立ちと多感な青春の内面に深く温めてきた文学的感性や他者への卓越した共感能力が、この女性を平成の時代の皇后という〈職業〉へ導いたのではないか、という歴史の意図を仮想する誘惑にさえ駆られる。それが戦後の日本にとって、一つの幸福な選択であったということも——。

聖心女子大生の美智子が二十歳を迎えた一九五五年一月十五日、「はたちの願い」という課題で読売新聞社が全国の新成人から公募した作文に応募して、四千百八十五点の中から第二位の入選作となり、紙上に掲載された「はたちの願い——虫くいのリンゴではない」と題する文章がある。

戦争と敗戦という「不安でよりどころのない環境」に育った青春を振り返りながら、美智子は英国の作家、トーマス・ハーディーが『テス』のなかで「この世界はリンゴの実のようだ」と書いた比喩をとりあげて、「虫のついた実とついていない実」に現実逃避の空想家と極端な現実主義者という、自らがその一人である〈アプレゲール〉の二つの世代像を重ねている。その上で「困難な時代」を生きる若者の決意を、このように記す。

〈成人の日を迎えるに当たり、私はもう一度、自分に聞いてみようと思う。「私たちが困難な時代に生まれてきたことは確かだ。しかし、私たちはこれを十九世紀の宿命論者のように、まったく運命としてあきらめきってしまうべきだろうか……」と。（略）／私の〝はたちのねがい〃――それは私達年齢の人々が過去の生活から暗い未来を予想するのを止め、未来に明るい夢を託して生きることです。それは同時に、現在を常に生活の変わり目として忠実に生きる事でもありましょう。現在は過去から未来へと運命の道を流れて行く過程の一つでなく、現在を如何に生きるかによって、さまざまな明日が生まれて来る事を信じようと思います〉

戦中から戦後へ価値の激動のさなかに育ちながら、時代の運命に流されるのではなく、自らの意思として人生を選びとっていこうという、若い魂のおののきがそこから伝わる。

皇太子本人の強い意思に加えて、「皇室に新しい血を」という昭和天皇の意向を踏まえた東宮参与の元慶応義塾塾長、小泉信三による周到な調整によって、旧皇族や華族につらなる妃候補を退けて初の民間出身の皇太子妃に決まるその間際まで、美智子には皇室の内外や世論の軋轢以上に、押しつぶされるような若い心のためらいがあった。しかし、大きな運命を引き受けることへの重い責任の自覚が、「もうひとつの道」への思いを定めた。

すでにメディアが追いかけ始めた皇太子妃問題から美智子を遠ざけるために、学長のマザー・エリザベス・ブリットはベルギーのブリュッセルで開かれる聖心卒業生の世界会議に日本の代表として美智子を派遣することで「辞退」の意思表示さえした。

人生の岐路を前にした美智子の苦悩は募っていた。米国経由での帰路、機中で毎日新聞の取材に対し、ナイアガラの滝を見物しながら「このまま身を投げてしまおうか」という衝動に駆られたことを告白したうえで「私の血は庶民の血でございます。そのような大任はつとまりません」と述べ、「私は風に揺らぐ一本の葦にすぎません」とも言っている。

それでも、美智子は皇太子の説得に最後は応じた。「愛情」と「責務」が勝ったのである。

正田家はカトリックを信仰し、洗礼を受けていないものの聖心女子大に学ぶ美智子もその信仰に帰依している。当然ながら、神道に基づく皇室祭祀とは宗教上、相容れない。それに加えて初の民間出身妃に対しては、女子学習院の同窓組織「常磐会」の会長だった松平信子をはじめとする旧皇族や旧華族ばかりか、皇后（のちの香淳皇太后）が強く反発していた事情は、侍従長だった入江相政の日記などにも記されている。

〈東宮様の御縁談について平民からとは怪しからんといふやうなことで皇后さまが勢津君様（秩父宮妃）と喜久君様（高松宮妃）を招んでお訴えになつた由〉

（『入江相政日記』一九五八年十月十一日付）

入江の日記には婚儀当日の祝賀行事について、皇后（香淳皇太后）が四頭立ての馬車行列だった自身の婚儀と引き比べて六頭立ての計画に不満を述べたくだりも記されている。

〈皇后さまが今度の御慶事の馬車六頭、御大礼の御自身のも四頭だつたとおつしやつたとの

こと〉

（同、一九五九年三月十二日付）

「六頭立てでいい」といってこれを収めたのは、かねてこの結婚に理解を示していた昭和天皇であった。欧州の王室に範を求めた近代の皇室にはもともとキリスト教に寛容な風土があったが、戦後間もなく、ヴァチカンからスペルマン枢機卿の宮中訪問などを通して昭和天皇がカトリックへの関心を深め、海外のメディアが「天皇改宗」を報じたこともあった。ほかならぬその昭和天皇が、守旧勢力から美智子を守って道を開いたのであった。

「逆風」をはねのけて、皇太子妃という道に踏み入る決断をした背景には、もちろん自身が「はたちの願い」に記したように、「困難な時代」を引き受けて自らの道を選んだこの時代の若い世代の、自由でとらわれない心のありようがある。

未来の「国母」として、困難を抱えた人々への祈りを通してともに歩むその姿勢が、自身を取り巻く皇室内外のキリスト教を精神的基盤とする人のつながりのなかで育まれ、その後の歩みに大きな影響をもたらしてきたことも、見逃すことができない。

皇太子妃へ導くうえで指導的な役割を演じた東宮参与の小泉信三はカトリックの信者であった。少年時代の皇太子の「家庭教師」として招かれたクェーカー教徒の米国女性、エリザベス・ヴァイニングは、未来の天皇たる皇太子の生き方や社会観に少なくない影響をもたらした。民間妃として皇室に入った美智子が直面するさまざまな批判や中傷に心を痛めて精神的な危機を抱えていたころ、宮内庁長官であった田島道治の縁で相談相手となって親交を結ぶ神谷美恵子は、のちにハンセン病治療のパイオニアとなる精神医学者であり、ギリシャ古典学にも深い学識を持つクェーカー教の信徒であった。

戦後ベストセラーとなった『生きがいについて』の著者としても知られる神谷は、美智子が学生のころから親しんできた文学や詩の創作や論評をすすめて、皇室という閉ざされた空間で壁を乗り越えるきっかけをもたらした人物である。

神谷の兄のフランス文学者、前田陽一からフランス語を学んでいたつながりなどから、相談相手として東宮御所に通った美恵子から、西洋古典学の学識やハンセン病患者への思いなどを通して、美智子は皇太子妃という〈職務〉にのぞむ足場を固めることができたのである。後年になって神谷は親しい人々に対し、美智子を「魂の姉妹」と呼んで、痛みを抱えた人々への「癒し人」になるだろう、といった感想を伝えている。

浩宮（現皇太子）の育児を乳母に任せず、皇室では初めて自らの手であたった際に、侍従として仕えた浜尾実も敬虔なカトリック教徒であり、社会福祉を通して戦後の皇室が社会に果たすべき「大いなる使命」についての持論を、日頃から率直に伝えていた。

キリスト教のミッション（伝道）に基づく信仰と普遍的な人道の理念を掲げた、日本のなかの異文化空間で美智子が暖めてきた〈愛〉と〈奉仕〉の心は、皇室という全く異質な風土と伝統のもとで摩擦や屈折を広げながらも、それまでの皇室の伝統と文化を超える、高い理想を抱いた人脈を支えとして、国民と世界へ向けた大きな〈祈り〉に発展していった。

昭和天皇の崩御で皇后となった美智子が一九九三（平成五）年秋、突然発声が出来なくなるという障害をもったきっかけは、宮内庁職員の「内部告発」としてメディアに発表された新しい天皇皇后のライフスタイルへの批判であった。

公務として外交や福祉関係のパーティー、音楽会などへの出席や社交行事が多くなり、皇后の力が大きくなっていることを批判した、「国民と苦楽を共にする、という皇室の在り方からかけ離れている」という趣旨の記事は、質実にして無私を貫いた昭和天皇の時代の〈現人神〉的な残像を重ねて、積極的に国民や社会とのかかわりを深める平成の皇室を批判するものであり、新たな皇室像を目指す美智子がこれに大きな心的外傷を受けたであろうことは、想像に難くない。

〈慰霊地は今安らかに水をたたふ如何《いか》ばかり君ら水を欲《ほ》りけむ〉

その翌年、失語の苦しみを抱えながら美智子は天皇とともに太平洋戦争末期の激戦地、硫黄島と小笠原へ慰霊の旅に出た。米軍の圧倒的な戦力の前に、本土防衛の矢面に立った二万人を超す日本兵全員が壮絶な玉砕を遂げた硫黄島で、美智子はこんな歌を詠んだ。

声が蘇ったのは、この痛ましい鎮魂の歌を詠んだ硫黄島の次に慰霊に訪れた小笠原の海辺だった。父島の海岸で、浜辺に遊ぶアオウミガメを見つけた地元の子供が「あれが私の放流したカメ」と言ったのにこたえて、「次の波がくるとカメは海に帰るのね」という言葉が、四ヶ月ぶりに出たのである。

美智子は「祈りの人」であり「言葉の人」であった。こうした苦しい日々を通してよい相談相手であった娘の紀宮は、のちになって記者団の質問に、そのころの欧州訪問で会った人からの手紙に「皇后がそこにあることの価値」を感じた、という言葉を紹介して、失語に耐えながらなお人々に働きかける母、美智子の人間性にさりげなく触れている。

この旅で危機を乗り越えてから、〈皇后美智子〉はバブル経済崩壊後の安全や絆の揺らぐ社会にあって、国民のなかに進んで足を踏み入れていった。阪神大震災の被災地への慰問、被爆地の広島・長崎、さらに大戦の本土決戦の地、沖縄への慰霊の旅などを通して、平成の皇室の新たな流儀がつくられていったのである。

自らの言葉を通して国民の心と触れ合い、痛みや不安を抱えた人々へ大いなる祈りを捧げるその姿勢は、皇室に入ってのちもさまざまな場を求めて深めてきた文学や芸術へのかかわりに負っている。このことこそ、皇后美智子の際立った資質と呼ぶべきだろう。

〈わたしを束ねないで

あらせいとうの花のように
白い葱のように
束ねないでください　わたしは稲穂
秋　大地が胸を焦がす
見渡す限りの金色の稲穂〉

「わたしを束ねないで」という新川和江のこの詩に美智子が〈Please Do Not Bundle Me〉という表題をあて、英訳して朗読したのは一九七五（昭和五十）年から参加してきた白百合女子大学教授、マリー・フィロメーヌが主催する英詩朗読会の場であった。学生たちをまじえたこの席で、美智子はキーツやミルトンといった著名な英詩人から新美南吉、木下夕爾、永瀬清子ら日本の詩人たちの作品を英訳して読んだ。

公務の合間を縫った合わせて十五回に及ぶこの席での詩の朗読の経験は、若い日から親しんだ文学の言葉を通して美智子の心を癒し、あわせて広く内外の人々へ向けた祈りの言葉を呼び起したというべきかもしれない。

一九九八（平成十）年九月二十一日、インドのニューデリーで開かれた国際児童図書評議会（IBBY）の第二十六回世界大会において、美智子の『橋をかける——子供時代の読書の思い出』と題する英語の基調講演がVTRで伝えられ、その映像が日本のテレビでも放映されて大きな反響を呼んだ。

美智子はここで少女時代の戦争に向かう日々をふりかえりながら、「子供の本を通した平和」について、自らが為すべきことをはっきりと示している。

〈生まれて以来、人は自分と周囲との間に、一つ一つ橋をかけ、人とも、物ともつながりを深め、それを自分の世界として生きています。この橋がかからなかったり、かけても橋としての機能を果たさなかったり、時として橋をかける意志を失った時、人は孤立し、平和を失います。この橋は外に向かうだけでなく、内にも向かい、自分と自分自身との間にも絶えずかけ続けられ、本当の自分を発見し、自己の確立をうながしていくように思います〉

そして、不自由な戦中の子供の時に出会った新美南吉の「でんでん虫の悲しみ」という童話に触れる。自分の背中の殻に悲しみがいっぱい詰まっていることに気付いて「もう生きてはいけないのではないか」と訴える主人公のでんでん虫が、やがて「悲しみは誰でも持っているのだから、私はそれをこらえていかなければならない」と考え、救われてゆく結末は、人間が生きて行くことに伴う本質的な困難への洞察を幼い心にもたらした。

こども向けに書かれた『古事記』で、戦のなかでもたらされる倭建《やまとたけるの》御子《みこ》と弟橘《おとたちばな》比売命《ひめのみこと》の愛と犠牲の物語から得たものにも触れている。内面の価値としての愛と「公」との間に引き裂かれる、過酷な人生の試練への問いかけである。

〈「いけにえ」という酷い運命を、進んで自らに受け入れながら、恐らくはこれまでの人生で、最も愛と感謝に満たされた瞬間の思い出を歌っていることに、感銘という以上に、強い衝撃を受けました〉

これらは公式な仕事を離れた美智子が、ひとりの女性として幼い日々から重ねてきた内面の成長と〈世界〉への認識のあゆみを、平易で豊かな情感をたたえて語りかけた、まことに稀有な「皇后の物語」と呼ぶべきであろう。それは読書を通した自らの経験を語ることで、特異な皇后の立場から日本と世界の人々に平和への「橋をかける」という、すぐれた社会性を併せて発信する仕事として広く迎えられたのである。

IBBYのニューデリー大会でビデオ放映された日本の皇后、美智子の講演は、国内で痛みや不安を抱えて生きる人々への癒しと、いまも戦争や貧困に見舞われている世界の子供たちへの平和の祈りとして、内外から大きな反響を集めた。それは災害の被災地を巡って人々を励まし、不遇に心届した人々を勇気づけ、躍動する若い命には惜しみない共感を寄せる、皇后美智子が〈平成の国母〉となったことの証であったのかもしれない。

この年の春、聖心女子大の一期生であった作家の須賀敦子が六十九歳で逝った。

美智子は六年下だったが、キャンパスでは互いに顔見知りであった。豊かなブルジョワの家庭に育ってカトリックの精神的影響の下、東西の文学に深く傾倒しながら「深く生きること」を求め続けた生涯は、共通するところが少なくない。

しかし、美智子が皇室という祖国の伝統の核心ともいうべき特別な空間へ身を投じて〈国母〉への道を歩んだのと対照的に、須賀はイタリア文学への関心を深めながら、カトリック左派のエマウスと呼ばれるグループで貧しい人々を救援する社会運動にかかわり、卒業後に祖国を離れて長らく遠い欧州の地に身を置いた。

その頃、家を出て愛人の女性のもとに去った父親に対する愛憎が、若い娘である敦子の心を揺らした。波風の立ち始めたブルジョワ家庭と、カトリックを精神的な基盤とした知的な環境を背景にもっていたとはいえ、荒廃した戦後日本にあってまだ二十代の女子学生が将来も定まらぬまま、家族と祖国をあとにして欧州の地を目指すのは、ほとんど〈亡命〉に等しい決断ではなかったろうか。あるいはそれは、父の不実に揺らぐ家族や個人の自立を妨げる祖国という柵からの望んだ離脱であったのか。

〈東京で大学院にいたころ、ふたりの女ともだちと毎日のように話しあった。ひとりは経済学を、もうひとりは哲学を専攻していたが、私たちの話題は、勉強のことをのぞくとほとんどいつもとおなじで、女が女らしさや人格を犠牲にしないで学問をつづけていくには、あるいは結婚だけを目標にしないで社会で生きていくには、いったいどうすればいいのかということに行きついた〉

（「大聖堂まで」）

そのころのことを、須賀はこう振り返っている。人生に対するこうした問いが、当時の破防法反対運動や社会の不公正に対する関心を育て、日本と西欧世界との関わりについての問題意識を研ぎ澄ませていくのは必然であったろう。

こうして祖国を遠く離れて欧州に暮らし始めた一人の若い女子学生の心から、次第に〈日本〉が遠ざかっていったのかといえば、それはおそらく逆であった。奨学金を得てローマの学生寮に身を置いた時、西欧と非西欧世界がこれからどう関わっていくべきかを議論した修道女のマリー・ノエルは「あなたがいつまでもヨーロッパにいたのでは、ほんとうの問題は解決しないのではないかしら」と問い、その上で須賀にこう語りかける。

〈「ヨーロッパにいることで、きっとあなたのなかの日本は育ちつづけると思う。あなたが自分のカードをごまかしさえしなければ」〉

（「カラが咲く庭」）

須賀は長い祖国への不在ののち、この言葉にようやく応えて帰国したというべきだろう。

イタリアに移り住んで同志ともいうべきイタリア人と結婚した須賀は、谷崎潤一郎や川端康成ら日本の現代文学の翻訳紹介など著述とカトリックの社会活動に身を投じたのち、夫との死別を機に戻った祖国で、旺盛な著述活動を繰り広げた。イタリアという異郷から祖国を見つめる豊かな回想に彩られた作品は、長い祖国での不在が熟成させたかのような端正でノスタルジックな日本語となって開花し、晩年の須賀を一躍人気作家にした。

〈焼け跡の寄宿舎には、だから、東洋と西洋、十九世紀と二十世紀、戦前と戦後といういくつかの文化の相違から生まれる無理や矛盾がごたごたと入りみだれていて、勝手を知らない新入生は例外なく途方にくれた〉

（「寄宿学校」）

東京大空襲で焼け残った寄宿舎で始まった東京・白金の聖心女子学院の青春の記憶を、須賀はそう記した。

修道女たちによる厳しいしつけの下、欧米人の多い教員と若い女子学生たちだけの日常は英語がゆきかい、「大いなるもの」への祈りとともに、教養としてのバッハが、ホメロスが、シェイクスピアが当然のようにその環境にはあった。戦後の荒廃と混沌のなかで「世界」という目で祖国を見つめることが必然となる空間が、そこにはあった。

戦後、新制大学として発足したこの大学の一期生には須賀のほかにも、のちに国連大使や国連高等難民弁務官、国際協力機構（ＪＩＣＡ）の理事長などを務める緒方貞子や参議院議員となった紀平悌子、やはり美智子と交流があった作家で日本財団の理事長などをつとめる曽野綾子ら、日本の指導的立場に立つ女性たちがいる。カトリックの祈りと奉仕の精神を公共的な貢献に振り向ける建学時の理想主義は、その後の水脈となったのであろう。

少し遅れて須賀と同じ青春の場で同時代の空気をともにしながら、故郷を離れて遠く欧州の地から祖国を望見し続けた須賀とは対照的に、〈国母〉への道を選んだ美智子はやがて平成という時代の皇后となった。そして、新たな時代にふさわしい皇后としての決意と皇室の役割についてこのように述べている。

〈国の大切な折々にこの国に皇室があって良かった、と、国民が心から安堵し喜ぶことができる皇室でありたいと思っています〉

（一九九六年）

〈王室や皇室の役割は、絶えず移り変わる社会の中にあって、変わらぬ立場から、長期的に継続的にものごとの経緯を見守り、全てがそのあるべき姿にあるようにと祈り続けることではないかと考えてまいりました〉

（一九九八年）

これらは〈平成の国母〉として、美智子が示した見事な自己証明というべきだろう。敗戦の荒廃から立ち上がろうとする祖国から広い世界へ向けて熱い志をたぎらせ、戦後の白金のキャンパスを闊歩する若い女子学生たちの群像のなかに二人はいた。

皇室という古い伝統に閉ざされてきたこの国の〈聖域〉に身を投じた正田美智子は、苦難を超えて新たな時代の皇后の姿を創り上げていった。青春期に西欧社会へ〈離脱〉して〈日本〉を見つめ続けた須賀敦子は、その祖国への不在の歳月によって文学者としての成熟を遂げた。その軌跡は一見対照的ではあるが、ともに敗戦後の荒廃した日本の異空間と言うべきキャンパスを起点とした、理想と祈りへ向けた歩みということができよう。

〈分去れ《わかさ》〉は中世の街道などに印された分岐点を意味する古語である。二人は戦後の廃墟から立ち上がり、世界的な視野のもとで理想を手探りする女性たちのなかで、青春の「分去れの道」を辿ってそれぞれの長い旅へ歩みを始めたのである。

「無国籍者」の回心——村上春樹と「団塊の世代」

冷気をふくんだ大気に柔らかい早春の陽光が降りそそぐ、珠玉のような朝であった。中央官庁など国の中枢機能が集まる東京・霞が関の地下鉄千代田線ホームに午前八時すぎ、我孫子から代々木上原へ向かう十両編成のA725K列車が到着する。

いつもと変わらぬ月曜の朝であったが、列車の中ではその疑うべくもない平穏が突然、破られた。手前の二重橋前駅と日比谷駅の間で、満員の車内の床に残されたビニール袋が破られてしみ出した液体から異臭が広がり、乗客が相次いで呼吸困難や視野の異常を訴えて倒れた。駅の事務室には、接続する日比谷線でも同様の異変が伝えられていた。

地上の入口付近で倒れた乗客たちを通行人らが次々に介護し、通報で到着した救急車のサイレンと、駅構内への立ち入りを制限する警察官らで混乱が広がっていた。

ホームに急いだ駅員は、先頭車両のドアの付近から点々と灯油をたらしたような跡があるのを見つけた。のちに殉職する駅助役の高橋一正が新聞紙を使って、その不審な液体を処理していた。駅員が受け取った新聞紙を透明なビニール袋に入れて事務室に戻った時、急激に意識の混濁と視野の異常が襲ってきた——。

一九九五（平成七）年三月二十日。朝の通勤ラッシュ時の首都中枢を標的にして地下鉄丸ノ内線、日比谷線、千代田線合わせて五編成の列車で起きた、神経ガスのサリンによる未曾有の同時多発化学テロ事件である。乗客と駅員ら合わせて十三人が死亡、六千三百人が負傷したこの事件は、化学兵器を使って大都市の一般市民を無差別に殺傷することを狙った宗教組織、オウム真理教の犯行と分かる。教祖の麻原彰晃のもと、理系の高学歴の青年たちが未知の劇物を生成して及んだ事件は、成熟社会の「国家中枢の麻痺」を狙って多数の市民に痛ましい被害をもたらした「宗教テロ」として、世界を震撼させた。

三月二十日の朝に東京の都心で起きたこの事件を、村上春樹は神奈川県大磯の自宅で聞いた。長く米国と日本を行き来していて、たまたま一時帰国していたのである。

事情が呑み込めないまま、突然飛び込んできた「オウム」や「毒ガス」といった言葉を前にして、そのとき覚えた得体の知れない「居心地の悪さ」と「後味の悪さ」が尾を引いた。強い違和感が、事件で被害に遭った地下鉄の乗客や駅職員ら関係者六十人余りに対して翌年から手がけるインタビューへ向かわせる。のちにこの作家の例外的なノンフィクション作品として発表される『アンダーグラウンド』である。

いわゆるポストモダンの時代を背景に、スタイリッシュな現代小説で世界的な人気作家になりつつあった村上が、この事件から受けた衝撃の大きさは、その「あとがき」に相当する「目じるしのない悪夢」と題した自身の文章が浮き彫りにしている。

〈ひとことで言うなら、私は日本という国についてもっと深く知りたかったのだ。私はかなり長い期間にわたって日本を離れ、外国で生活をしていた。七年か八年のあいだだ。(略)他人には言わなかったけれど、私自身はそれを一種のイグザイル(故郷離脱、という表現がいちばん近いだろうか)だと考えていた〉

米国や欧州など外国に住みながら、日本語で物語を書いて日本という市場で発表し、それを世界へ発信するという、複雑に倒錯した手続きで国際的な評価を広げてきた作家は、その歩みを「日本というア・プリオリ(既定)の状況を離れることで、自分がどのような方法・姿勢で日本語、あるいは「日本性」を取り扱えるか、それを意識的・無意識的にフェイズ(位相)を変えながらマッピング(地図化)してきた」と自己規定する。

そして〈イグザイル〉の「最後の二年」あたりから、「日本という国」について切実に知りたがっている自分を認めるようになっていることに驚き、「そろそろ日本へ帰ろう」という気持ちがその頃熟しつつあったことを、率直に告白している。
〈もうそれほど若くなくなっていたのだろう。そして自分が社会の中で、「与えられた責務」を果たすべき年代にさしかかっていることを、自然に認識するようになっていたのだろう〉

そのような村上にとって、〈地下鉄サリン事件〉は忘れかけていた日本という〈祖国〉を取り戻すための格好の「手だて」として現れたのである。同じ年に起きた阪神大震災とこの事件は、冷戦の終結とバブル経済の崩壊が重なる二十世紀末の日本を襲った「圧倒的な暴力」として突然現れ、〈国籍〉や〈民族〉といった属性をかぎりなく遠ざけてきたこの作家の無意識を覚醒させた、というべきであろうか。

オウム真理教が荒唐無稽の教義をもとに若い信者たちを集めて、やがて国家を標的とする武装テロ集団となっていく背景には、「信教の自由」のもとで活動するこうした新しい宗教集団が戦後社会の治安上の盲点となって見過ごされてきた事情がある。また、一連の事件で使われたサリンは「貧者の核兵器」と呼ばれ、イスラム過激派らがテロ活動に使う大量殺戮の可能な化学兵器であったが、その材料の劇物や武器などの調達も公安を管理する国家のネットワークの視野の外に置かれていた。

冷戦構造の崩壊で緩んだ国家の安全網の隙間を縫って、「団塊の世代」の一回り下の世代によって事件が引き起こされた時代背景と、日本という〈国家〉と〈パトリ〉からひたすら逃れた場所で文学空間を構築してきた村上春樹が、たまたま〈地下鉄サリン事件〉に遭遇して大きな衝撃を受けるというめぐり合わせは、まことに暗示的である。

一九四九（昭和二十四）年生まれの村上春樹は「団塊の世代」の中心に位置する作家である。この作家がそれまで発表してきた作品を貫く〈無国籍性〉と、事件をきっかけとして作品に滲みでる〈回帰〉のモチーフには、作家の自己認識はどうあれ、戦後日本の高度成長期の中心にあったこの世代の刻印をはっきりと認めることができる。

デビュー作『風の歌を聴け』（一九七九年）は一九七〇年夏の十八日間を、主人公の若者の女性との出会いやそのころ流行した音楽などとともに描いた青春小説であるが、ここには当時喧騒を極めた大学紛争やベトナム戦争など、社会的な背景はほとんど点景として登場するだけである。十年後、三十歳になって結婚した主人公は、夏になると別れた娘が残した「カリフォルニア・ガールズ」のレコードを聞き、サム・ペキンパーの映画を見て、趣味がよく似た妻と日比谷公園でビールを飲む。

〈幸せか？　と訊かれれば、だろうね、と答えるしかない。夢とは結局そういったものだからだ〉

村上の初期作品の多くは性や死と日常とのかかわりを通した青年の〈成長〉と〈回復〉の物

語であり、その意味ではある種の教養小説の体裁をとるが、そこでは日本の伝統や文化が依って立つ風土から意識的に、限りなく遠ざかることによって同時代性を探求する、という確信的な意思が貫かれる。その目的を目指すかのように、海外で人気の高い音楽や映画やペーパーバックスが、いわば国境のない同時代性の証としてひんぱんに引用される。

近代の日本の小説がこの百年にわたって、作者の出自や背景という属性から自由になることができず、そのことが社会や歴史と作品を繋ぐ文学的な証明にさえなってきたことを考えれば、二十世紀末の越境的な文化の通俗性に寄り添って繰り広げる村上春樹の作品世界は、近代以降の日本の文芸にあって抜きん出て異質な特徴を備えている。

〈彼女は一息ついて煙草を消してからまたギターをとって『ペニー・レイン』を弾き、『ブラック・バード』を弾き、『ジュリア』を弾き、『六十四になったら』を弾き、『ノーホエア・マン』を弾き、『アンド・アイ・ラブ・ハー』を弾き、『ヘイ・ジュード』を弾いた〉

著者が「個人的な小説」と解説している『ノルウェイの森』（一九八七年）では、自死した恋人を悼む主人公の前で、女友達のレイコさんはビートルズのナンバーを次から次へと爪弾いて、悲しみを癒そうとする。ここでは記憶に共有された一九七〇年代の旋律がフーガのように繰り返されて、読者はその時代の固有の気分に導かれてゆく。この作家の世代性と世界的な文化の共時感覚が生んだ作品の特性を、文芸評論家の福田和也はこう指摘する。

〈村上氏は、知的な努力は要求するが思いやりなど求めない。ページを開けば、映画館の椅子に腰かけたように、小説は展開していく／簡単に言えば、村上氏の作品はきちんとした商品になっている。一流メーカーの電化製品のように、電源を入れれば機能する〉

（「『内なる近代』の超克」）

ヴォネガットやブローティガンといった、米国の現代小説から大きな影響を受けたと言われる軽い文体と、同時代のポップカルチャーの引用集のような物語の構成によって、ほとんど米国のエンターテインメントの手触りを持つ日本の小説が登場した。

そこでは、私小説などの伝統へつながるこの国の文芸の風土や来歴はもちろん、個人とかかわる社会的な枠組みと触れ合う文脈も、あらかじめ意図して避けて設計されているように見える。それゆえに当初は国内の文壇から軽んじられてきたが、一見軽薄と見えるこの〈小さな物語〉は、やがて欧米やアジアなどの読者から熱狂的に支持される「世界文学」として迎えられ、村上は毎年のようにノーベル文学賞の候補にのぼる作家となった。

一九八六年に『1973年のピンボール』が中国語訳されて台湾で出版されたのを皮切りに、英訳の『羊をめぐる冒険』（一九八九年）、仏・イタリア語訳の『ノルウェイの森』（一九九三、九四年）など、主要な作品が次々に各国で翻訳されてベストセラーとなった。フランツ・カフカ賞、フランク・オコナー国際短編賞（二〇〇六年）、エルサレム賞、スペイン芸術文学勲章（二〇〇九年）など、国際社会における華々しい栄誉を通して、日本の作家としては例外的なグローバルな存在となったことは改めるまでもない。

「きちんとした商品」として村上春樹の作品が世界から喝采を得た背景にあったのは、作家の意図や戦略を超えたところで広がる冷戦後のグローバリゼーションの波と、〈団塊の世代〉の周辺で強い影響力をもたらしてきたサブカルチャーの浸透であろう。

〈空はまだどんよりと曇っていた。午前中よりそのグレーの色は少しばかり濃くなったようにも思える。窓から首を突き出すと微かな雨の予感がする。何羽かの秋の鳥が空を横切っていった〉

（『1973年のピンボール』）

村上春樹の作品には固有の〈匂い〉や〈声〉がない。東京なり、神戸なりの具体的な土地が場面にあらわれても独特の都市の「体臭」や「騒音」は希薄である。乾いた描写やジョークを含んだ男女の会話には、外国語を翻訳して日本語にそのまま置き換えたような、無機質な感触がある。むしろそのことが、流行りの心地よいポップスを聞くような効果を生んで同時代の感覚と響きあった。匂いを欠いた物語の人工的な設えとこうした文体は、グローバルな〈商品〉

として構想した作品の要請でもあり、どこか現実感を欠いたヴァーチャルな〈空気〉こそ、国境を越えて世界に広がる読者が求めた村上作品の逆説的なリアリティーと呼ぶべきものなのである。

かつては谷崎潤一郎や川端康成、三島由紀夫といった、日本の伝統文化に深く根差した作家の美学が世界から注目され、西欧的な価値基準に基づくオリエンタリズムの文脈で国際的な評価を得てきたことに比べれば、村上春樹はその対極ともいうべき「無国籍性」によって二十世紀の〈世界文学〉の舞台に迎えられたのである。

「ムラカミハルキ現象」とも呼ばれて、この作家が国際的に偶像化されていった一九九〇年―二〇〇〇年代は、宮崎駿の『千と千尋の神隠し』がベルリン映画祭グランプリに続き米国でアカデミー賞作品賞を受賞し、「ポケモン」や「キティ」などのキャラクターが人気を集めるなど、映像やポップカルチャーの分野でのちに〈クール・ジャパン〉と呼ばれる新しい〈日本〉の再発見が世界に広がった時期である。当然ながら、村上の世界を包むヴァーチャルな〈空気〉も、そのころ日本から発したグローバルな文化の文脈と無縁ではありえない。

それどころか、その後の作品に色濃く漂う文明的な終末観や、物語にしばしば参照される〈パラレルワールド〉(多元宇宙)などの異空間への関心、人間の行き着く場所を求めた〈自分探し〉という主題などは、宮崎駿のアニメーションが描きだす世界とも重なる、二十世紀末のサブカルチャーの基本的なモチーフとして共有されてきたものである。

冷戦後の世界にあって、市場経済社会の膨張と米国が主導する資本のグローバル化が促した国家や共同体の枠組みの揺らぎを、フランスの歴史学者ジャン＝フランソワ・リオタールは「大きな物語」の終焉として捉え、国民や民族によって束ねられた物語に代わる「ポストモダン」の時代の到来を唱えた。米国の政治学者フランシス・フクヤマは、こうした局面の転換を「歴史の終わり」と呼んだ。イデオロギーやナショナリズムの後退とともに「ポストモダン」社会の日本から生まれた異種交配的なサブカルチャーが、新しいグローバルな文化価値として多くの「小さな物語」のモチーフを呼び起こすのである。

さて。オウム真理教による〈地下鉄サリン事件〉との遭遇によって、自身の文学の足場と来歴に〈覚醒〉した村上春樹の「それから」をたどってみよう。

「日本」という依って立つ場所から限りなくデタッチメント（離脱）を求めることで無国籍な作品の文学的な存在理由を示してきた作家は、一九九六年に心理学者の河合隼雄との対談で、一転してコミットメント（参与）へその立場を転じる意思を示した。

〈まず、アフォリズム、デタッチメントがあって、次に物語を語るという段階があって、やがて、それでも何か足りないというのが自分でわかってきたんです。そこの部分で、コミットメントということが関わってくるんでしょうね〉

コミットメントは日本の過去との通底としてあらわれる。『ねじまき鳥クロニクル』(一九九五年)では主人公のトオルが日常的な空間である世田谷の自宅に近い涸井戸から異空間へつながり、そこから戦時下に日本軍が国境紛争からソ連と交戦して大敗したノモンハン事件の舞台のモンゴルの草原に遡ってゆく。

二〇〇二年の『海辺のカフカ』では、四国の図書館に住み着いた主人公のカフカ少年が〈世界〉への入り口を探る旅の途上で、戦時中に日本軍が山間地で行った化学兵器の軍事訓練で意識不明になったという老人の「ナカタさん」と接近することから、呼び起された過去を通して〈闇〉からの出口へ導かれる。オウム真理教によるサリン事件を彷彿させる過去へつながることによって、村上のコミットメントへの傾きはさらに深まった。

〈とくにこの日本においては、良くも悪くも、神様ってのはあくまで融通無碍なものなんだ。その証拠に戦争の前には神様だった天皇は、占領軍司令官ダグラス・マッカーサー将軍から『もう神様であるのはよしなさい』という指示を受けて、『はい、もう私は普通の人間です』って言って、1946年以後は神様ではなくなってしまった。日本の神様ってのは、それくらい調整のきくものなんだ〉

『海辺のカフカ』でカーネル・サンダーズが説く日本の天皇制に対する解説は、そのまま「無国籍者」であった村上の〈祖国〉に対するコミットメントの表明であろう。

大ベストセラーとなった『ノルウェイの森』の刊行を控えた一九八六年に村上は欧州へ移住し、三年後にいったん帰国すると今度は米国へ活動の場を移した。ここではプリンストン大学で日本の戦後文学を講義するなどして四年間を過ごすのだが、日本をイグザイル（離脱）した理由については必ずしも明確に語ってはいない。

こうした祖国からの〈離脱〉を通して、村上は国家や社会との〈デタッチメント〉による〈個人〉の視点を作品の拠点として選んでゆくのだが、その一方で長らく異郷に暮らしながらしばしば社会的なコミットメントへの誘惑に駆られたことを告白している。やがてそこからの「回帰」へ向かうメンタリティーは、かつて欧米へ学んだこの国の〈洋行者〉たちの「日本回帰」とくらべても、さほどの径庭はない。

米国の西海岸に住んでコミュニティーとまじわるうちに、村上は環境問題や地域の問題にかかわることを考えはじめる。日米経済摩擦の「日本たたき」や日本の国際貢献を問われた湾岸戦争を米国で直接経験したことは〈日本〉に対する思いを育てた。それは村上のまなざしをコミットメントへ向かわせる大きなきっかけであった。

〈僕はずいぶん長いあいだ「世代なんて関係ない。個人がすべてだ」という考え方で、それなりに突っ張ってやってきた〉〈でも僕も今度日本に落ち着いたら、何か自分にできることを身近に探してみようという気にはなっている〉　（「アメリカ版・団塊の世代」）

二〇〇九年、エルサレム賞を受賞した村上春樹は当地での表彰式に出席した。イスラエルによるガザ地区への侵攻で千人以上の市民が命を落としたことへの国際的な非難が高まっている折であったが、イスラエル大統領のシモン・ペレスを前にした受賞記念講演で、村上はイスラエル軍の行動を「壁と卵」に例えて厳しく批判した。

〈もしここに硬い大きな壁があり、そこにぶつかって割れる卵があったとしたら、私は常に卵の側に立ちます。（中略）国籍や人種や宗教を超えて、我々はみんな一人一人の人間です。システムという強固な壁を前にした、ひとつひとつの卵です〉

その後の村上春樹がたどりついた国際社会における最初の社会的コミットメントが、宗教対立で生まれた中東の国家間の抗争に対する正面からの批判となったのは、ひとつの偶然であろう。個人の尊厳を通した人道と反戦の訴えは、〈団塊の世代〉を代表する日本の作家の言説として〈9・11〉の後の国際社会に確かな手ごたえをもたらした。

ただそのコミットメントへ至る道筋で、この作家を深く刺激した事件が、オウム真理教による〈地下鉄サリン事件〉であったことは、単なる偶然であろうか。なぜなら、冷戦後に「大きな物語」を見失ってグローバルな社会への道を急ぐこの国にあって、荒唐無稽な教義と〈世界妄想〉を暴力的に実現しようとしたこの凶事は、村上が親しんできた〈ポストモダン〉の時代のサブカルチャーの鏡のような事件であったからである。

体制への反逆と革命を夢見た新左翼の同世代たちは、内部抗争による離散と自滅の道を歩んだ。若い日に国内でその風景を眺めていた村上が〈イグザイル〉を求めて異郷に身を移してからほぼ十年ののち、オウム真理教事件が起きた。一回り以上も世代を隔てた若者たちが抱く現実への嫌悪とユートピアへの幻想が、内攻してテロリズムやグロテスクな犯罪に向かう構図は、かつて村上の同世代が新左翼運動の果てにたどった妄想や暴走と、ほとんど相似形を描いているかのようである。

〈地下鉄サリン事件〉の報道に接して村上が覚えた得体の知れない「居心地の悪さ」と「後味の悪さ」の由来は、まさしく自身が歩んできた時代の延長上で作品に造形してきた〈ポストモダン〉という空間が発し続ける、妄想と暴力が入り組んだヴァーチャルな時代の〈空気〉にほかなるまい。

〈母〉を探して――江藤淳の〈回帰〉

江藤淳が自ら命を絶ったのは、その年の梅雨が明けようとしている七月二十一日夜のことである。雷鳴を伴った沛然《はいぜん》たる豪雨が午後、鎌倉・西御門《にしみかど》の屋敷の屋根を打ち続け、夏の盛りへ向かう庭の深い緑を洗った。山肌をつたって海へ注ぐ濁流の轟轟たる響きを聞きながら、夜更けに一人浴室の浴槽で手首を切って、六十六歳の生涯を閉じたのである。

芥川龍之介や太宰治、三島由紀夫や川端康成といった、この国の近代文学を代表する作家たちの自死と比べてみても、文芸評論家として戦後を主導してきた江藤淳が二十世紀の掉尾に遂げた自裁には、グローバリゼーションのもとで〈日本〉という国家のかたちが移ろう時代を映した、ひとりの知識人のあらわな寂しさと憤怒が浮き彫りにされている。

〈心身の不自由が進み、病苦が堪え難し。去る六月十日、脳梗塞の発作に遭いし以来の江藤淳は、形骸に過ぎず。自ら処決して形骸を断ずる所以なり。乞う、諸君よ、これを諒とせられよ。

平成十一年七月二十一日

江藤淳〉

書斎に残されていたこの短い「遺書」によれば、読者は老年期を迎えつつある稀有の知性が見舞われた病苦に耐え切れず、一身を処したという背景を読み解くほかにはない。メディアや周囲の人々が指摘したように、前年の秋に連れ添った愛妻の慶子を癌で失ったことが、江藤の孤独を深めて心身を蝕《むしば》んだことも、もちろん大きな引き金ではあろう。

にもかかわらず、どこかこの死の背後からは戦後の日本という国家が経済成長のなかに維持してきた〈国土〉のかたちと、それを支えてきた〈精神〉の崩落が遠い海鳴のように響いてくる。海軍中将を祖父に持ち、敗戦をはさんでこの国の近代の歩みとともにあった一族の盛衰を背景にして、〈治者〉という父性の視点から近代日本の文芸と歴史を悠々と、また美しく叙述してきた江藤の文業に、その少し前から崩壊の序曲とも呼ぶべきいささか甘美な悲調が兆したのはなぜであろうか。

〈いつのころからか、江藤さんの文章の後ろから、何やら古い軍楽に似た音楽が聞こえてくるようになった。といって、それは勇壮で力強い響きを持った軍楽ではなく、かつて〈手にてなすなにごともな〉い中也が雨戸の隙間から洩れ聞いた、〈鄙《ひな》びたる軍楽〉を想わせる、微かな音楽だった。おやと、私は思った。こんなことは、いままでなかった。／人の中で、何かが静かに崩れはじめようとするとき、その予兆のように、音楽が足早にやってきて、その人に寄り添うのは、モーツァルトのオペラなんかでよく観ることだ〉

（「言ふなかれ、君よ別れを」）

没後の追悼文で、演出家・作家の久世光彦がこのように書いたのは、江藤が亡くなる前年に著した『南洲残影』についてである。南洲、西郷隆盛の西南戦争における敗走とその悲劇的な最後をたどる物語である。田原坂の絶望的な戦いに敗れて滅亡する西郷の足取りをとらえて、江藤は薩摩琵琶の『城山』の調べを借りながら「失敗への情熱」の軌跡をパセティックに描いた。それを「少し抑制が足りない」と評した久世は、行間に江藤の色濃い大きな影に宿した「よろめき」と足元の砂の「ゆっくりした崩れ」を認めている。

『漱石とその時代』で明治の精神の足跡をたどるかたわら、『海舟余波——わが読史余滴』で江藤は、戊辰戦争の幕軍の代表として薩長軍の参謀の西郷と交渉に臨んだ勝海舟が、江戸城の無血開城に応じて新政府に転じてゆく「政治的人間」の運命に筆を運んだ。

また帝国海軍の創始者でシーメンス事件によって首相の座を追われた山本権兵衛を中心に、

海軍という組織を通して近代日本の光陰を描いた長編歴史小説『海は甦える』では、自らの父祖の系譜に重ねて、人間が国家と「公」への責任を担うことで引き受ける「統治する者」の生き方の褒貶を、大きな歴史の鏡に映し出すように造形している。

『成熟と喪失――〝母〟の崩壊』など、戦後の日本文学を「伝統」と現代とのかかわりのなかで彫琢した初期の批評文学においてさえ、この作家は眼差しの背後に「治者」という父性の倫理的な主題を置いて、その揺らぎと衰弱を問い続けてきたのである。

遠く「平家物語」にまで水脈をつなぐこの国の敗走と衰亡の伝統美学に自らを重ねて、栄光と敗残のあわいで近代日本が引き受けるべくした歴史の断面を、自らを鼓舞するように描いてきた作家が、『南洲残影』ではじめて時代の波に飲まれて滅び行く人間の痛みと哀しみを、直截に正面から歌った。時代のなにがその変転を促したのだろうか。

〈西郷とともに薩摩の士風が滅亡したとき、徳川の士風もまた滅び去っていた。瓦全によっていかにも民生は救われたかも知れない。しかし、士風そのものは、あのときも滅び、いままた決定的に滅びたのだ。これこそ全的滅亡というべきものではないか。ひとつの時代が、文化が、終焉を迎えるとき、保全できる現実などはないのだ〉

（『南洲残影』）

西南戦争の敗者として逝った西郷を偲んで、新政府に迎えられた勝海舟がのちに作ったという薩摩琵琶歌の曲譜がそこに重なる。江藤は時代がしばしば「全的滅亡」という局面を迎えて人が瓦解し、歴史が砂のような悲調に覆われていくことをここで指摘している。

ところでそうした歴史意識の融解とも呼ぶべき江藤の作品の転調は、実は平成という時代の亀裂と響き合った、作家自身の精神的な瓦解の表象ではなかったのか。

〈戦後〉という時間は、江藤淳にとって祖国の敗北とともに崩れた自らの足場を踏みしめながら、胸を反らして歩むことであった。幼くして母を亡くし、栄光に彩られた帝国海軍の解体で生家が没落する。焼け跡から復興したこの国が民主主義と経済成長の宴に沸き立つなかにあって、気鋭の文芸批評家として登場した江藤は〈敗者〉の運命を引き受けながら、失われつつある伝統や美と「国柄」を支える〈父性〉のありかを探った。

一人の文学者がなぜ祖国の〈公〉に責任を持たなくてはならないのか。

未完に終わったライフワークの『漱石とその時代』の第一部は、口絵に小林清親の版画『高輪牛町朧月夜』が使われている。英国人のワーグマンに学んで西洋画の技法に通じたこの版画家を好んで、自ら所蔵していた作品のうちの一つという。薄暮の品川海岸を漆黒の陸蒸気《おかじょうき》が赤い煙を吐きながら疾走している画面の風景を、江藤はこうたたえる。

〈ちょっと構図はターナーの汽車の絵に似ているが、それよりはずっと素朴なもので、いかにも明治十二年（一八七九）という制作年代にふさわしい。これを見ていると、私は、文明開化という時代の明るさと暗さ、それにひたむきな若さがひしひしと胸に迫るのを感じて、感慨を覚えずにはいられない〉

（「風邪と犬と清親と」）

祖父は日露戦争の時は海軍大佐で、山下源太郎と並んで大本営海軍部高級参謀の職にあった。明治天皇の大喪の折には勅任官の軍務局長として桃山御陵に供奉《ぐぶ》した。日本という近代国家は一族の栄辱のなかで戦後に接続しているという誇りが、そこにはあった。『戦後と私』（一九六六年）のなかで江藤はこう述べている。

〈戦前の日本で、自分が国家と無関係だと感じた子供はいない。しかし私にとっては、それはある意味で祖父が作ったもののように感じられた。父にとっては、それは自分の父親とその友人たちがつくり、かつ守ったもののように感じられたにちがいない〉

敗戦で栄光をたたえた連合艦隊は解体した。大久保百人町の家は空襲で焼け落ち、銀行員の父とともに一家は場末のバラック建ての社宅に移り住んだ。物質的繁栄にひたすら励むことで「国のかたち」を見失ってきた日本に対し、亡国の危機感を滾《たぎ》らせながら〈公〉なるものの回復へ向かう江藤の情念の発条《ばね》は、この戦後の喪失と没落の感覚であった。

一九八二（昭和五十七）年に行った対談で、「千五百年にわたって伝統を維持してきた日本はあと百年でもしかすればなくなってしまうかも知れないが、人間という概念はまずなくならない」という吉本隆明の指摘に対し、江藤はユダヤ人の歴史をあげて反論している。

〈亡国の日本人という人種は、千五百年だか二千年だかわからないけれど、この人種がそこに至った故事来歴を背負った人種として、突き放して冷たく見られるのですよ。その時点から改めて人間であるということの自己証明を始めなければならない。それは日系移民がやって来たことの、おそらくはもっと苛酷な繰り返しです〉

（「現代文学の倫理」）

保守派の論客として宰相と政党政治のあり方を論じ、戦後の占領下の米軍による検閲体制を掘り起こすなかで日米関係を問い、出版物の再販制度維持をめぐって公正取引委員会の委員として断固とした論陣を貫くなど、文芸批評という領域を超えた現実への大胆な関わりは、〈敗れてある治者〉という自らの来歴に深く根ざした行動でもあったろう。

若い日の江藤が戦後批評の地歩をなした『成熟と喪失』に〈〝母〟の喪失〉という副題がふられているのは、早すぎる晩年の自死を考える上でまことに暗示的である。

〈ゆっくり行け、母なし仔牛よ／せわしなく歩きまわるなよ／うろうろするのはやめてくれ

／草なら足元にどっさりある／だからゆっくりやってくれ／それにお前の旅路は／永遠に続くわけではないぞ／ゆっくり行け、母なし仔牛よ／ゆっくり行け〉

安岡章太郎や小島信夫、庄野潤三、遠藤周作ら戦後作家の作品を俎上にあげたこの評論で、江藤は青年のアイデンティティー（自己同一性）の形成を論じた米国の社会心理学者エリック・エリクソンが『幼年期と社会』のなかで紹介する、この孤独なカウボーイの歌を繰り返し引用した。敗戦と占領で〈父〉という治者を失った戦後の日本人が、その孤独を包み込む〈母〉という自然をも喪失してゆく過程を、この歌に託したのである。

妻が米国人の青年と通じることで揺らぐ家族を描いた小島信夫の『抱擁家族』や、郊外の新居に越してきた五人家族の穏やかな日常に潜む不安を描く庄野潤三の『夕べの雲』に、江藤は〈父〉の不在と〈母〉の崩壊によって、孤独な個人の集合体となった戦後の日本の家庭に広がる「深い哀しみの感覚」を見出してゆく。

〈今や日本人には「父」もなければ「母」もいない。そこでは人工的な環境だけが日に日に拡大されて、人々を生きながら枯死させて行くだけである〉

心理学者のカール・ユングが「切断するもの」と定義した父性原理と「包含するもの」と見

立てた母性原理の崩壊によって、日本は平和と繁栄のもとで国家や歴史の文脈を継承する伝統がその輪郭を失い、グローバリゼーションの進行はそれに一層の拍車をかけた。戦後の社会秩序にもたらされた国家という骨格の衰弱は、平成期に入ると冷戦構造と日本型システムの崩壊によってひときわ顕著となった。

高度成長期のさなかに書かれた『成熟と喪失』から三十年を経て、『南洲残影』で記した「一つの時代が、文化が、終焉を迎えるとき」と同じようなエートス（時代精神）の融解を、江藤はバブル崩壊後の日本で身をもって経験したはずである。失われてゆく〈治者〉の運命を歴史と伝統の中に探り、傍らで現実の同時代の政治や言論に決然とした態度表明を続けてきた江藤のなかに、その時何かの決定的な変化が起きたのである。

昭和天皇の崩御からほどなく、いわゆる「一九五五年体制」がバブル経済とともに崩れた。この平成五（一九九三）年に江藤は大きな時代の潮の目を認識している。国民が昭和天皇の平癒を願い、崩御を悼んで群衆が皇居前を連日取り巻いた光景を思い起こしながら、ここでは既にあの国民が分かちあった〈tacit consensus〉（暗黙の合意）が崩壊している、という悲憤を抑えることなく書き綴った。

〈上下を問わず日本人の中に潜在していたこの沈黙の合意が、昭和天皇が息を引き取られたその瞬間から音もなく崩れ始めたのだと私は思っています。（略）この崩壊は、平成六年、七年と、恐らく止まるところを知らないだろうと思われる。少し極端なことをいえば、日本人がいなくなることはないだろうが、日本国というこの国が、崩れに崩れてなくなってしまう可能性も、無しとはしない。（略）それは昭和、特に敗戦以後の日本人がずっと維持してきた沈黙の合意が千々に乱れ、崩壊し、崩落し続けているという姿にほかならない。外敵による侵略で滅亡するのではなく、身内が崩れて亡びるという恐るべき状態、いわば国家の炉心溶解状態が起こっているのだと思うのです〉

（「『戦後民主主義』の呪い」）

夏目漱石が『こころ』で描いた、明治天皇の崩御によって国民に広がった痛みと喪失感を自らに重ねながら、江藤はその後のこの国の精神の空洞化と崩壊を予測している。

自死の四年前の平成七（一九九五）年に起きた阪神大震災やオウム真理教による地下鉄サリン事件など、冷戦後の日本の社会の安全と秩序を揺るがす大きな出来事は、それを裏付けた。江藤の内部にきわどくも持続してきた〈父性〉の足場は大きく揺らいだ。

一月十七日未明、阪神地区を中心に西日本一帯で六千人を超す犠牲者と未曾有の都市災害をもたらす阪神淡路大震災が起きた。江藤は戦後すぐ紀伊半島で起きた南海地震の記憶を呼び起こして記録を調べている。そして、発足したばかりの戦後民主主義の火照りに隠されて、千三百人もの死者を出したこの地震が歴史記録や年表にほとんど無視され、ごくわずかな記述しかされていないことに衝撃を受ける。平成の巻では「戦後五十年」を記念する祭りが繰り広げられようとしていた。

ほどなく江藤は『文藝春秋』誌上に「皇室にあえて問う」と題する論考を公にする。これは阪神淡路大震災のあと、被災地への慰問を先送りして予定されていた中東訪問を優先させた皇太子夫妻の行動を正面から批判する、痛恨と憤怒の発言であった。

関東大震災の折、当時摂政宮であった二十二歳の皇太子、裕仁（後の昭和天皇）がその日一睡もせずに情報を集めて翌日に一千万円の下賜金を拠出し、十日ほど後には「天変地異ハ人力ヲ以テ予防シ難ク只速ヤカニ人事ヲ尽シテ民心ヲ安定スルノ一途アルノミ」との詔書を渙発した上で、時をおかずして自らが被害の著しい帝都の市内視察に出た。江藤はその例をとりあげて比較しながら、こう述べている。

〈私がまことに遺憾に堪えないのは、地震が起こった後で皇太子、同妃殿下が中東御訪問に出発されてしまったということです。地震による甚大な被害が刻々と新聞紙面に報じられているその折りも折りに、紙面の片隅に「ベドウィン族の踊りを御鑑賞になる両殿下」などという記事が出る。これは一体どういうことなのか〉

批判は皇太子夫妻という個人に向けられたものではなかった。それは大震災という国家の非常事態に際しながら、この外遊を是とした政府や外務省、宮内庁などの官僚機構、さらには政治家たちの精神の弛緩と、その背後に浮き彫りにされた〈国家〉という輪郭の衰微に対する江藤の憤怒であり、哀しみでもあった。

冷戦体制の終結に伴うイデオロギーの終焉と、民主主義のグローバルな進展のもとで広がるポストモダンの世界をとらえて、米国の政治学者フランシス・フクヤマが『歴史の終わり』を著したのは一九九二年のことである。国境を越えて市場経済が世界を覆うのと平仄《ひょうそく》を合わせるかのように、日本は自民党の一党支配による〈一九五五年体制〉が幕を下ろし、バブル経済の崩壊によって戦後社会が経済成長のもとで維持してきた一体的な〈国民〉の紐帯《ちゅうたい》の土壌は、その足場を大きく揺るがせていた。

敗戦による大きな精神の空洞を抱えながら、〈治者〉という視点から輪郭を失ってゆく祖国に響く〈伝統〉の調べと、その行く先を問い続けてきた江藤にとって、冷戦体制の崩壊を境にした「大きな物語の終焉」（ジャン＝フランソワ・リオタール）はまた、〈日本〉という「国民の物語」の終焉に重なる風景の転換点であった。『南洲残影』にみるあらわな滅亡への没入は、この作家が日本の「近代」という空間に見出してきた直線的な歴史への眼差しの崩壊であり、自裁へ至る「ゆっくりとした崩れ」の序曲であったとも言えよう。

若い日からの文業を支えてきた愛妻の慶子を前年に癌で失うのと前後して、江藤自身も敗血症や脳梗塞で倒れるなどの不調に見舞われて心身が衰弱するなかで、一九九八（平成十一）年八月号の雑誌『文學界』に絶筆となる自伝『幼年時代』の連載が始まる。

〈もし生命があったならば、自分の人生がどんなはじまり方をしたのかを、見詰め直してみたい。そして、それがどんな終り方をしようとしているのかと、できるだけ正確に見くらべてみたい。／そう考えていると、病室の空間に、幼い頃の自分の姿が、幾度も浮び上っては消えて行き、また浮び上っては消えて行った〉

このように自ら記した作品の冒頭は、亡くなった妻が二階の化粧部屋に残した姿見にかかっている、着物の端裂《はぎれ》を縫い合わせた鏡掛けの記述から書き起こされている。幼い日に亡くなった江藤の母が着ていたという、縞柄にあやめ模様のお召《めし》の端裂に、妻がやはり若い頃自分が着た紅型《びんがた》の着物の残り裂《ぎれ》を縫い合わせて作ったのである。

〈それにしても、何故家内がこの時期に、自分の若い頃の着物と私の生母の形見の着物の端裂を縫い合わせて、新しい鏡掛けを作って置いておこうという心境になったのかは、よくわからない〉

ここにはすでに、戦後の日本における〈父〉の不在と〈治者〉のありようを問い続けた江藤の姿はない。その代わりに、面影さえ定かに結ばない遠く幼い日の母と、昨日旅立っていったばかりの妻の姿が、縫い合わされた姿見の鏡掛けに二重に投影されている。

それは若い日の江藤が『成熟と喪失』のなかにその「崩壊」を探った、〈母〉という円環への甘やかな回帰であり、直線的な歴史のなかに生身の自身を置いて時代を走り続けてきたこの批評家が、生と死のあわいで迎えた紛れもない時代との断絶を意味する。

「死」の観念と向き合ったこの女性的な円環への同化が、もともと江藤が体質的に備えていた傾向であったことは、英国の閨秀作家、キャサリン・マンスフィールドを論じた若い日の最初の評論「マンスフィールド覚書　「園遊会」をめぐって」などに顕れている。

〈今開いたばかりの花に死を見出してしまうものの目には、人生はいつも陰影を帯びた美しい絵でしかない。倫理、政治、社会——それら人間の造り出した約束事は彼女の視野から消失する。そして芝居の書割のように美しい空を背景にした輝かしい舞台が出現する〉

甘美な死に寄り添う子宮回帰的な空間への憧れを秘めながら、〈治者〉の眼差しを通して祖国の〈近代〉に向き合った江藤の死は、時代も背景も異なる欧州の一人の知識人の自死を思い起こさせる。十九世紀末のウィーンでリルケやロマン・ロラン、ホーフマンスタールら知識人との華やかな交流を通して、二つの大戦に挟まれて『マリー・アントワネット』などの歴史文学の領域で活躍した作家、シュテファン・ツヴァイクである。爛熟する二十世紀の欧州文化の中心にあって、ユダヤ人としてナチスに故郷のオーストリアを追われ、精神的な祖国である欧州を捨てて渡った南米のブラジルで、一九四二年に自ら命を絶った。

〈私自身のことばを話す世界が、私にとっては消滅したも同然となり、私の精神的な故郷であるヨーロッパが、みずからを否定し去ったあとで、私の人生を根本から新しく建てなおすのに、この国ほどに好ましい所はなかったとおもうのである〉

新天地への移住についてこう述べながら、ツヴァイクは「私の力はといえば、故郷もない放浪の幾年月のあいだに、尽きはててしまっている」と遺書に記した。

畢生の回想文学『昨日の世界』で「ひとつの世代全体の運命」を描いた作家は、伝統に培われた二十世紀の欧州の自由な精神の暴力的な崩壊とともに、自ら舞台を退いた。

ファシズムに追われたさまよえる作家の「亡命」の末の死と比べれば、虚《うつ》ろと化した戦後の国のかたちへの悲憤という江藤の死の背景は対照的ではあっても、そこには同じような〈精神の故郷〉の変容と瓦解に対する文学者としての深い失望と哀しみが、その先の自死への前奏曲として蕭々《しょうしょう》と響きわたっているのである。

〈3・11〉と日本の風景——ハーンとキーンの〈帰郷〉

一九〇三（明治三十六）年の劈頭、文部省留学生として神経を患うほどの孤独な英国留学から帰国した夏目漱石は、ほどなく東京帝国大学文科大学の英文学講師という職を得る。ところが春の着任をめぐって、いささか厄介な騒動に巻き込まれた。前任者であるラフカディオ・ハーン（小泉八雲）の退任に際して、学生たちの間から強い反対の声が起こった。欧州留学帰りの漱石への反感とともに、解任されるハーンの復職を求める運動が広がったのである。

いうまでもなく、ハーンはアイルランド人とギリシャ人の両親のもとに生まれ、ジャーナリストとして米国で暮らしていた時に関心を深めた日本へ移り住んで、近代化の陰に息づく古来の美俗に深く傾倒した作家である。西洋に対する日本文化の紹介者の先駆けとなって帰化し、日本で家庭を持って没した生涯は遍《あまね》く知られるところである。

ハーンの講義が学生たちを魅了したのは、その英語の流れるような名調子による講義だけが理由ではなかった。折から日露戦争へ向から国家意識の高まりを背景に、ハーンが説く日本の伝統や文化への礼賛が、明治国家の欧化主義への反発を深める若者たちの強い支持を得ていたのである。そうであれば、英国で英文学を学んで帰ってきたばかりで、三つ揃いにカイゼル髭を蓄えた「洋行帰り」の典型のような日本人の漱石がハーンを追い出すという構図に、学生たちから異議が高まるのは予想された展開ともいえた。

人気の外国人教師の解任に憤って一斉退学も辞さないという学生たちを前にして、漱石の立場は極まった。「小泉先生は英文学の泰斗でもあり、また文豪として世界に響いたえらい方であるのに、自分のような駆け出しの書生上がりのものが、その後釜に据わったところで、とうていりっぱな講義ができるわけのものでもない。また学生が満足してくれる道理もない」。このような漱石の愚痴を、妻の鏡子が回想のなかに残している。

その春、ようやく帝大の教壇に立った漱石の居心地は好ましいものではなかった。

〈この神々の国では、昔から木々もまた、人間になれ親しんで我が子のようにいとおしまれ、その果てに木々にさえ魂というものが宿るようになり、ちょうど愛された女のするように自分をいっそう美しくすることによってこの国の人たちに感謝の意《こころ》を表わそうと努めているのだろうか〉

（「東洋の土を踏んだ日」平川祐弘訳）

神秘化された日本の風景に対するハーンのこのような手放しの賛歌が、好奇に満ちた西欧からの眼差しを引き寄せるとともに、欧米列強に必死で追いつこうという時代の空気のもとで顧みられない日本の風土や伝統文化への自覚と誇りを、若い世代に呼び起こしていった。こうした反語的な役割を演じた外国人は、ハーンばかりではない。

埋没していた日本の伝統美術を掘り起こし、岡倉天心とともに日本美術の復興を指導した米国人美術研究者アーネスト・フェノロサ、表現主義を主導する傍らで桂離宮など日本の建築美学に光を当てたドイツの建築家ブルーノ・タウト、「源頼朝像」など中世の肖像画や伊勢神宮の結構などから日本文化の本質に迫ったフランスの作家アンドレ・マルロー。明治の開化から二十世紀を通した西洋文明への同化と反発の波のなかで、「西洋人の眼」が埋もれた日本の〈風景〉と伝統を発見し、その眼差しによって日本人が否定されてきた自らの来歴に〈覚醒〉してゆく。こうした日本文化のアイロニカルな反転が、ハーンの時代から一世紀あまりを経て、東日本大震災という未曾有の危機を背景にして甦る。

二〇一二（平成二十四）年春、ニューヨークに住む米国人の日本文学研究者として知られるドナルド・キーンが日本への帰化を決断し、母国を離れて永住に踏み切った。

前年の春、〈3・11〉の東日本大震災で三陸地方や東北の各地が大地震と津波によって壊滅し、二万人に及ぶ死者・行方不明者と家屋の流失などに加えて、原発事故という現代文明を揺るがす危機のなかに置かれた「日本」への同胞感情が、九十歳のジャパノロジストを帰化と永住という選択に向かわせたのである。

〈ここに至って、半熟の状態だった日本国籍取得への決断が、私にとっては必須の懸案となったのだ。外国人が日本から逃げていくニュースにも落胆していた私は、今こそ、もっと率直なかたちで日本のみなさんと一緒になる、その思いを表明しなければと思ったのである〉

（『中央公論』二〇一一年七月号）

王朝文芸から江戸文学、さらに現代作家まで、また小説や詩歌から能や歌舞伎まで、キーンの日本文化研究と論評の対象は時代とジャンルを超えて、幅広く、深い。失われつつある日本文化の「守護神」として親しまれてきた米国人研究者の日本帰化と永住宣言は、大震災で突然家族や親しい知己を奪われ、家屋や職場を流され、親しんできた風景まで失った上、福島第一原発事故の不安で揺らぐ日本人の心に、勁《つよ》く温かい心の拠り所をもたらした。人々の〈絆〉を称える合唱とともに、異邦に骨を埋めるという老米国人研究者の決断が呼び起こした共感が、この人を復興へ向けた〈偶像〉にしていったのである。

遠い東洋の島国に古来息づいてきた文化と伝統にキーンが関心を抱いたきっかけが、太平洋戦争という母国と日本との間の国家的な敵対と暴力的な衝突に深くかかわっていることは、二十世紀の異文化の接触と流通をめぐる大いなる逆説ということができよう。

コロンビア大学の学生であったキーンが、ニューヨークのタイムズ・スクエアの書店に積み上げられていた英訳版の『源氏物語』に出会って心を奪われたのは、ナチスドイツがマジノ線を破ってフランスに侵攻し、さらに英国空襲などで戦線を広げて欧州情勢がファシズムの暗雲に覆われてゆく一九四〇年秋のことだった。日独伊三国同盟が結ばれ、アジアでは開戦へ向けて日本が枢軸国として英米との対決を鮮明にした時期である。

〈やがて私は、『源氏物語』に心を奪われてしまった。アーサー・ウェイリーの翻訳は夢のように魅惑的で、どこか遠くの美しい世界を鮮やかに描き出していた。私は読むのをやめることが出来なくて、時には後戻りして細部を繰り返し堪能《たんのう》した。私は、『源氏物語』の世界と自分のいる世界とを比べていた。物語の中では対立は暴力に及ぶことがなかったし、そこには戦争がなかった〉

（『ドナルド・キーン自伝』角地幸男訳）

「私はそれまで、日本が脅威的な軍事国家だとばかり思っていた」とキーンは記している。祖国がまさに戦端を開こうとしている極東の島国の遠い過去から、猛々しい外観とは裏腹の美しい調べが聞こえてきた。若者はその音楽に恋したのである。翌年暮れ、日本軍による真珠湾攻撃で日米の戦端が開かれた時に進路に選んだのは、敵国の言語の通訳と翻訳者を養成するために、海軍がカリフォルニアに設けていた日本語学校である。ここで一年ほど日本語を学んだのち、卒業時には総代として三十分にわたる「告別の辞」を日本語で読むほどになり、海軍士官としてすぐさまハワイの真珠湾へ派遣された。

ハワイの海軍機関であてがわれた仕事は、ガダルカナルなど南太平洋での戦闘で日本軍から押収した文書の翻訳だった。ある日、そうした押収文書の山のなかにあった木箱を開いてみると、血痕がにじんで微かな異臭を放つ戦没兵士の手帳が多数収められていた。

死線をさまよう戦場での日記である。激しい戦闘とそれに立ち向かう士気を強調した上辺の記述の行間に、やがて命を大義に捧げる運命を引き受けた兵士たちの絶望に包まれた孤独なつぶやきがある。部隊が全滅した南海の島で、生き残った七人の兵士が十三粒の豆を分けあって食べた記述がある。自分が戦死したあとに日記が米軍に拾われて祖国の家族に伝えられることを考えて英語の伝言を記した日記もあった。キーンは感動する。

それにしても、のちの大戦末期に日本が絶望的な激戦ののちに米軍に敗れた、アリューシャン列島のアッツ島へ派遣された時、キーンが携行したのが紫式部や和泉式部、菅原孝標女《すがわらのたかすえのむすめ》らの日記の英訳本であったのは、はたして偶然であったのだろうか。

〈三人の宮廷女性によって描かれた平安時代の優雅な出来事と、現代の醜悪な戦争とのあいだには、まさに天地の隔たりがあった。（略）確かに奇妙な選択ではあった。だが必ずしもそれは、間違った選択ではなかった。日記は、日本文学を通じて流れる表現の一潮流を成している。そして他のどんな文学形式にもまして、日本人の思考と感情をよく伝えているからである〉

（『百代の過客』金関寿夫訳）

遠い王朝時代の宮廷女性たちが描いた典雅な暮らしと瑞々しい情感が、目の前の二十世紀の戦場で繰り広げられている兵士たちの累々たる無念の死につながっている。その連なりへの驚きが後年、日本の日記文学の流れをたどった『百代《はくたい》の過客《かかく》』に結ばれた。

「そもそも私が日記に心を向けたのは、（略）今日私が知る日本人と、いささかでも似通った人間を、過去の著作の中に見いだす喜びのためだったのである」と、著者はそのあとがきに書いた。なかでも、その後の著作に大きな影響をもたらしたのが松尾芭蕉の『奥の細道』である。日本国籍の取得が「半熟」の状態だったキーンが、東日本大震災をきっかけに日本への帰化と永住を決断するに至ったのは、被災地の中心の東北が自ら英訳までした『奥の細道』という、芭蕉の日記体の紀行文学の舞台であったことと深くかかわっている。

旅する芭蕉の人生への観想がその土地の風土と景観と一体になって描かれる、この日本の日記文学の粋に惹かれて、来日してからまだ日の浅い一九五五年の初夏にキーンは、俳聖の足取りをたどって東北から日本海側の東日本を旅した。

街道はまだ未舗装でトラックが土埃を舞い上げて走り抜けるなかを、はじめて訪れて松島から見た蔵王の山並みや、平泉の中尊寺の金色堂の荘厳に心を躍らせた。みちのくの自然と景観はキーンにとって、探り当てた〈日本〉の原郷というべき場所であった。

〈夏草や兵《つはもの》どもが夢の跡〉

芭蕉は『奥の細道』の平泉の項で詠んだ絶唱に続けて、人の世の無常を問いかけている。

〈むかしよりよみ置る歌枕、おほく語伝《かたり》ふといへども、山崩れ、川流れて、道あらたまり、石は埋《うづもれ》て土にかくれ、木は老いて若木にかはれば、時移り代《よ》変じて、其《その》跡たしかならぬ事のみを、爰《ここ》に至りて疑なき千歳の記念、今眼前に古人の心を閲《けみ》す。行脚の一徳、存命の喜び、羇旅《きりょ》の労をわすれて、泪《なみだ》も落《おつ》るばかり也〉

キーンはこの芭蕉の記述をとりあげて、次のように指摘している。

〈この言葉の中で、芭蕉は、山河の永続性を否定している。また永久に生い代わる木々に表れた永続性にも、疑問をさしはさんでいる。「国破レテ山河アリ」の言を、彼は疑ったのである。多賀城もなく、それを取り巻いていた風光も、昔の姿を全く留めないのに、「壺の碑」は今も見ることが出来る。同じように、そこに描写された景色はすべて、見る影もなく変貌したというのに、世に日本語の読める人間が存在するかぎり、『奥の細道』は残るのであろう〉

（『百代の過客』）

二〇一一年三月十一日に起きた大震災にともなう東北の惨状を、キーンはテレビのニュース映像を通してニューヨークで見た。沖合から寄せてくる巨大な黒い壁がたちまち海岸を飲み込み、街と道路と車から松林や田園を押し流していった。

あの『奥の細道』を訪ね歩いた懐かしい東北の風景が、瞬く間に変わり果てていった。恐ろしい破壊の映像を見つめながら、半世紀以上も前に歩いた旅の記憶をそこに重ねていた。穏やかな波間の松島から仰ぎ見た蔵王の神さびた山並みは、初夏の光に輝いていた。平泉の中尊寺で訪ねた金色堂の荘厳。瑞巌寺の庭では梅と桜が競い合うように咲いていた。

記憶に結んだそれらの風景はどうなっているのか。これほどの瞬時に多くの生命と風景が破壊された歴史の経験は希であろうが、それでも戦乱や災害や文明によって日本の自然と山河が移ろい変じてきたことは、芭蕉の時代にもすでに十分自覚されていた。そのことを指摘してきたからこそ、キーンはそれが東北という思いを深く刻んだ土地で現実になったことに、大きな心の衝撃を受けたのである。

日本が戦争に敗れた一九四五年の冬、米海軍で日本人捕虜の通訳として中国の上海にいたキーンはハワイへの「原隊復帰」の途上で、親しんだ伝統文化を通して長い憧れの国であり、数ヶ月前までは敵国でもあった日本の地を初めて踏んだ。敢えて望んだ寄り道だった。東京の街は一面焼け野原で、この国が復興する姿を想像することは難しかったが、横須賀から木更津へ向かう船上で、雪を頂いた真冬の富士山を初めて見た。

〈目の前に突然、朝日を浴びてピンク色に染まった雪の富士が姿を現した。それは日本と別れを告げるにあたって、あまりに完璧すぎる光景だった。目を凝らして見ているうちに、富士は徐々に色を変えていった。感動のあまり、私は涙が出そうになった。かつて誰かが、言ったことがあった。日本を去る間際に富士を見た者は、必ずまた戻ってくる、と。それが本当であってほしいと思った。しかし私が再び日本を見たのは、それから約八年後のことだった〉

(『ドナルド・キーン自伝』)

東日本大震災では家族や親しい知己を、家や職場を、故郷と風景を一挙に失った人々が、泣き叫ぶこともなく、悲しみをこらえてそこから立ち直ろうとしている。日本には古来、このような災厄に対して人々が悲嘆に耐えて、それを乗り越えてきた歴史がある。「帰化」と「永住」

というキーンの選択には、この国の伝統と文化へ寄せる深い愛着とともに、敗戦で焦土と化したこの国の人々が〈喪失〉を超えて復活してきた歴史への静かな共感があった。それは鴨長明の『方丈記』以来、日本人に生きてきた〈無常〉という感覚が、現代に生きていることの発見である。津波による福島第一原発での事故で広がった放射能汚染などの不安に怯えて、在住していた外国人が相次いで帰国するなかで、キーンの永住宣言はジャパノロジストとしてのひとつの〈俠気〉の表現でもあったろう。

小泉八雲として日本に帰化したラフカディオ・ハーンが東京の自宅で亡くなったのは日露戦争が始まった一九〇四（明治三十七）年であった。

日本女性と結婚して家庭を持ち、日本の自然や人々の習俗、伝統的な価値観などに深い共感を持ち続けたハーンは、西欧とは異なる固有の日本文化を世界に紹介した人として知られる一方、欧化政策のもとで日本が伝統的な価値を見失ってゆくことに批判を強めたことから、この時代の国家主義的な空気の下で、文化的な代弁者としてのハーンに対する賛同と支持が日本人の間に広がった。

一世紀あまりを経てこの国を取り巻く世界は一変しているが、〈日本〉を見出した外国人の眼差しが、国民的な絆のゆらぐ危機を背景にして日本人の〈偶像〉に迎えられるという点で、ドナルド・キーンに寄せられた喝采は、ハーンと同じ水脈につながる。

東日本大震災のあとにコロンビア大学で行われた退官記念の「能の歴史」と題する最終講義

で、キーンは日本の伝統文化の豊かさに触れたあと、東北の被災地の日本人の礼節と落ち着きを称えた。その上で「日本国民とともに何かしようと考えた」として、日本を離れる外国人が相次ぐなかで日本への帰化と永住を決断したことを明らかにした。

谷崎潤一郎や川端康成、三島由紀夫といった、日本の現代文学の作品と作家の欧米へ向けた紹介者でもあるキーンは、「日本的なもの」に対する現代の日本人の自信の欠如を指摘して、「日本的だからいいのだ」と自らの美質に肯定的であるよう、日本人に呼びかけている。

そのためには「日本」という国柄とその文化を、二十一世紀の文脈でどのように見直してゆくべきなのか。グローバリゼーションの下で、企業システムなど社会規範として〈日本的〉と評価されてきた制度や価値観への否定的な流れが強まる一方、〈クール・ジャパン〉と呼ばれるアニメーションなど、大衆文化の領域で新しい日本文化へ世界の関心が高まっている。東日本大震災というかつてない奇禍を通して、ドナルド・キーンという〈日本人〉から発せられた問いに、この社会はこたえなくてはならない。

おわりに

トポスとパトリ――〈日本〉という物語

肌に焼き付くような日差しが注ぐ夏の盛りの午後、東京・六本木の超高層ビルに囲まれた小さな中庭はカフェのテラスに憩う人影もまばらで、向かい合った麻布の丘の崖から激しい蟬時雨が、時折地下鉄の駅へ行き来する人々の頭上に降りかかるばかりである。

都心の再開発で無機的なガラスに覆われた超高層の住宅とオフィスが並ぶこの一角は、かつて麻布市兵衛町と呼ばれた。一九二〇（大正九）年の五月、この高台へ向かう急勾配の坂道の途中に荷風散人、作家の永井荷風が瀟洒な木造の西洋館を構えた。「偏奇館」と名付けた屋敷は、一九四五（昭和二十）年三月九日の東京大空襲によって焼盡するまで四半世紀にわたり、単身者として陋巷《ろうこう》を彷徨《さまよ》い、遊里へ沈潜したこの作家のアジール（隠れ家）であった。

背後のスペイン大使館の鬱蒼とした木立と、焼け残った道源寺などの寺のひっそりとした境内のほかに、半世紀以上を遡るこうした土地の来歴を窺う痕跡はいまない。百坪ほどの庭にあふれる木々の緑と四季の花々を伴侶として、板張りの外壁を水色に塗ったこの風雅な隠棲の館で荷風は『濹東綺譚』や『つゆのあとさき』など、失われた江戸の面影を昭和の東京の街に探って、艶冶《えんや》な女たちをモデルにした風俗小説を次々と書いた。

〈六月三日。道源寺坂は市兵衛町一丁目住友の屋敷の横手より谷町電車通へ出づる間道にあり。坂の上に道源寺。坂の下に西光寺といふ寺あり。この二軒の寺の墓地は互に相接す。西光寺墓地の生垣は柾木《まさき》にてその間に蔦《つた》と忍冬《にんどう》の蔓からみて茂りたり。五、六月の交《こう》忍冬の蔓には白き花さき甘き薫りを放つ〉

（『断腸亭日乗』一九三七年六月三日付）

自由ではあっても何かと煩わしい人付き合いを伴う下町暮らしに飽いた荷風が、山の手の麻布の坂の上に住まいを求めたのは、深い緑に囲まれた閑雅な景観とともに、東京の街中にありながら孤独で自由な暮らしを楽しむ「市隠《しいん》」の環境に惹かれたからである。

もともと、荷風は山の手の人である。小石川で幕藩時代の儒学者に連なる家系に生まれ、銀行や郵船の幹部であった父の豊かな資産を継いだ男は、米国やフランスへの遊学を挟んで江戸の戯作とフランス文学に親しんだ。独り身でありながら若くしてランティエ（年金生活者）の身分を得たのである。晩年に至るまで著述と放蕩を義務のようにおのれに課した日々から、明治の御一新の後の〈懸命な時代〉に対して抱く違和感が〈国家〉や〈文明〉や〈世間〉への呪詛となり、孤独な美の徘徊者の道を歩んでゆく境涯が浮かび上がる。

「偏奇館」はその名が示すように、この狷介な文学者が仮想した孤独な美の王国の表徴であり、家庭に代わって帰り着くべき安らかなトポス（場所）であり、そして〈国家〉から逃れて失われてゆく伝統へ回帰するパトリ（原郷）への入口でもあった。

荷風は偏奇館の庭に四季折々、好きな花を育てて楽しんだ。チューリップやヒヤシンスといった西洋種の花から沈丁花、八重桜、紫陽花、白百合、夾竹桃、山茶花など、『断腸亭日乗』に登場する花の種類は数え切れない。そのなかで格別の位置を占めているのがこの日記の由来ともなった断腸花、すなわち秋海棠《しゅうかいどう》である。秋風が立つ頃、小さな赤い花をつける可憐な佇まいを、荷風はとりわけ愛でた。

〈秋海棠植え終りて水を灌ぎ、手を洗ひ、いつぞや松筵子より贈られし宇治の新茶を、朱泥の急須に煮、羊羹をきりて菓子鉢にもりなどするに、早くも蛼《こおろぎ》の鳴音、今方植えたる秋海棠の葉かげに聞え出しぬ。かくの如き詩味ある生涯はけだし鰥居《かんきょ》の人にあらねば知りがたきものなるべし〉

（『日乗』一九二六年九月二十六日付）

文明と時代の喧騒を嫌い、血縁や国家の軛さえ逃れて陋巷の女たちと親しんだ荷風散人が、失われた〈日本〉の面影を訪ねて生んだ香り高い文藻の故郷こそ、この木々と小さな花々に囲まれた「偏奇館」という小宇宙であった。庭に咲く花や虫たちに囲まれて洋書や古籍を繙き、友人や編集者を迎え、黄昏時になると巷の灯に誘われるように坂道を下った。

関東大震災にも焼け残ったこの館は、一九四五年三月の東京大空襲で焼け落ちた。四半世紀を過ごした、小さな楽園の崩壊であった。その日の光景を、荷風は深いおののきと失望を隠すことなく書き記している。

〈天気快晴。夜半空襲あり。翌暁四時わが偏奇館焼亡す。火は初長垂坂《はじめなだれざか》中ほどより起り西北の風にあふられ忽《たちまち》市兵衛町二丁目表通りに延焼す。余は枕元の窓火光《かこう》を受けてあかるくなり鄰人の叫《さけ》ぶ声のただならぬに驚き日誌及草稿を入れたる手革包《てかばん》を提げて庭に出でたり。(略)余は山谷町の横町より霊南坂上に出で西班牙《スペイン》公使館側の空地に憩ふ。下弦の繊月《せんげつ》凄然として愛宕山《あたごやま》の方に昇るを見る〉

偏奇館という〈トポス〉を失った荷風の戦後は、茫々たる敗残の日々であった。昭和三十四年に市川市の陋屋で孤独死するまでの間、作品の草稿や日記とともに今日の貨幣価値で見れば二億円に近い残高を記した預金通帳を鞄に入れて、浅草の劇場の踊り子たちを訪ね歩くことを日課とした。祖国の敗戦に快哉を叫んで祝杯まであげた悖徳《はいとく》の人は、近代日本の〈国家〉という軛を逃れて、引き継いだ家督に伴う豊かな資産と著述による印税を専ら生活の糧とし、浪々たる晩年を生きた。にもかかわらず、この作家は老来打診を受けた文化勲章を迷うことなく受章し、あっさり国家からの年金を受けた。制度としての〈パトリ〉は自由人、荷風の境涯をついには囲い込んで離さなかったのである。

日本の戦後社会は敗戦の復興から立ち上がったのち、一国的な平和と民主主義の下で驚異的な経済成長を遂げ、豊かな社会への坂道を歩んだ。三島由紀夫が「無機的な、からっぽな、ニュートラルな、中間色の」と形容した、消費社会の爛熟と国際化による国境を越えた文化の流動化がすすんだ結果、この国の歴史や伝統と通底した〈日本という物語〉は次第に影を潜めていった。伝統や風土に根ざしたこうした文化の水脈は、いわゆるグローバリゼーションの下で衰退の道をたどってゆくばかりなのだろうか。

〈トポス〉と〈パトリ〉という空間をめぐる戦後日本の文化表象を問うなかで、中国系米国人の地理学者、イーフー・トゥアンが示した〈トポフィリア〉（場所への愛）という仮説が、いくつかの興味深い論点を提供している。

〈人間は、個人でも集団でも、「自己」を中心として世界を知覚する傾向がある。自己中心主義と自民族中心主義は、その程度こそ個人や社会集団によって極めてさまざまであるが、人間の普遍的な特徴と思われるのだ。意識は個人のものなので、世界を自己中心的に構成することは避けられない〉

（『トポフィリア』小野有五・阿部一訳）

トゥアンが定義した「自己中心主義」と「自民族中心主義」という、人間の文化形成をめぐる基本的尺度の中心に置かれた価値観が、「場所への愛」を意味する〈トポフィリア〉である。「物質的環境と人間との情緒的なつながりをすべて含むように広く定義できる」として造語されたこの概念が、人々の審美的な認識や風土への愛着に大きな作用をもたらすとして、この著作のなかでは広く古今の文学や美術作品に参照されている。

トゥアンは英国の詩人、ワーズワースが湖水地方のヘルヴェリン山に向き合うことで受け止めた「哀感と無限性の感覚」の劇的な知覚や、ヴァージニア・ウルフが『燈台へ』のなかで描く「犬の吠声や刈られた草のそよぎ」などの音の表現を通して、風景に対する審美的な体験が〈トポス〉への愛着を呼び起こす過程を説き起こしていく。

あのマルセル・プルーストの長編小説『失われた時を求めて』の第一巻「スワン家のほうへ」のなかで、主人公がハーブティーに浸したマドレーヌの味と香りから、幼年時代を過ごしたコンブレという土地の記憶を蘇らせる名高い場面も、まさしくトゥアンのいうトポフィリアの原景ということができよう。

こうした経験の延長上で、出生地の風土と空気を見返す望郷の感覚が祖国という場所への愛となって〈テラ・パトリア〉、すなわち故郷への愛という情念を形作り、古代から地域的な情緒として継承されてきた、とトゥアンはいう。近代社会にあってその発展のかたちとしての〈ナショナリズム〉がより広域的な〈国家〉に基づく歴史の共有感情として発展したときに、〈テラ・

パトリア〉は単なる個人の風土や景観への愛情から、より大きな政治的、社会的な文脈を伴って現実の歴史の場面にさまざまな作用をもたらした。

〈ヨーロッパに近代国家が誕生して以来、感情としての愛国心は、どこか特別な場所と結びつくことがまれになった。愛国心は、いっぽうでは誇りと力という抽象的なカテゴリーによって喚起され、他方では、旗のような特定の象徴によって喚起されたのである。近代国家は大きすぎ、国境はあまりに勝手に引かれ、あまりに雑多な地域が含まれているので、経験や親密な知識から生まれるある種の愛情を集めることができないのだ。現代人が克服したのは距離であって、時間ではない。人生の時間のなかで、人は今や――過去と同様に――世界の小さな片隅にしか、深く根を張ることができないのである〉

現代人が克服したのは距離であって、時間ではない。まさしく過去という時間、そこに流れ来《きた》った伝統という水脈は克服されたわけではない。にもかかわらず、戦後の日本が経験した〈トポフィリア〉をめぐる物語の展開を振り返るとき、その〈トポス〉と〈パトリ〉の空洞の大きさに感じ入らざるを得ない。水脈は途絶えつつあるのだろうか。

日本人の〈トポス〉への賛歌は、この国が近代の歴史の大きな曲がり角を迎えた時にさまざまな場面から呼び起こされた。その自然と景観への態度や人々に根付いた倫理・道徳の洗練、生活を取り巻く美意識や芸術的な表象など、広く〈伝統〉として括られるトポスの価値が文学や美術、建築、映像などの表現を通して、内外に照射されたのである。

日清日露の戦争に挟まれた「臥薪嘗胆《がしんしょうたん》」の時代、日本が世界へ向けておのれの姿を示すべくあった時に書かれた地理学者、志賀重昂の『日本風景論』は、自然景観を通して日本の風土の美学的な優越性を、欧米との対比で仮借なく論じたものである。

〈花より明くる三芳野の春の曙みわたせば　もろこし人も高麗人も大和心になりぬべし〉

頼山陽のこの言葉を掲げて、志賀は「想ふ浩々《かうかう》たる造化、その大工の極を日本国に鍾《あつ》む、これ日本風景の渾円球《こんゑんきう》上に絶特なる所因、試みに日本風景の瀟洒、美、跌宕《てつたう》なる所をいふべきか」と述べた。瀟洒と美、そして伸び伸びとおおらかなさまを指す〈跌宕《てっとう》〉をもって、この風土の美質をうたいあげたのである。列島の変化に富んだ気候と火山や急峻な河川を擁した地理的な条件が、欧米のそれを凌駕する優れた自然と景観を作ったというのだ。このほとんど天真爛漫な自賛の背景に、西欧列強と対峙しながらアジアの新興近代国家として羽ばたこうと意気込む、若いこの国の自負があったことはいうまでもない。

日米開戦のあとの戦局に暗雲が広がる一九四三（昭和十八）年春、谷崎潤一郎が雑誌『中央公論』に連載を始めた長編小説『細雪』では、大阪の船場の旧家を舞台に四人の姉妹が美しい着物に妍《けん》を競い、四季が移ろう京都の神社や古刹《こさつ》を巡って、自然と伝統のなかの時間に身を委ねる。遠く王朝の時代に〈トポス〉を求めて現代に蘇らせた優美な絵巻物を、作家は敢えてこの軍靴とサーベルの音に覆われた武断の時代に再現したのである。

花の季節に『細雪』の一家は京都の嵐山や平安神宮に爛漫の桜を訪ねて、一夕の会席を楽しむことを恒例としてきた。

〈彼女たちがいつも平安神宮行きを最後の日に残しておくのは、この神苑の花が洛中に於ける最も美しい、最も見事な花であるからで、円山公園の枝垂桜が既に年老ひ、年々に色褪せて行く今日では、まことに此処の花を措いて京洛の春を代表するものはないと云つてよい。されば、彼女たちは、毎年二日目の午後、嵯峨方面から戻つて来て、まさに春の日の暮れかかろうとする、最も名残りの惜しまれる黄昏の一時を選んで、半日の行楽にやや草臥《くたび》れた足を曳きずりながら、この神苑の花の下をさまよふ〉

花の盛りの神苑《しんえん》のその場面のその時間に、美しく飾ったブルジョワの一族の女たちを佇ませることで、戦時下の谷崎はこの国の風土と伝統が奏でるさざめきを、遥かな王朝時代の彼方から呼び起こそうとした。この反時代的な企みは、予期されたことではあるが、軍部とその時代の世論の掣肘《せいちゅう》にあって「好もしからざる影響」を理由に連載中止の憂き目にあう。谷崎の〈トポス〉はこの時代の猛々しい〈パトリ〉に葬られたのである。

日本の戦後社会が高度成長期のさなかに伝統文化の大きな担い手であった三島由紀夫と川端康成という、二人のカリスマを痛ましい自己否定によって失って以降、〈日本という物語〉は衰弱の道を歩んできた。いわゆる〈ポストモダン〉の空間への世界的なパラダイムの転換と、冷戦構造の崩壊に伴う〈大きな物語〉の後退と歩調を合わせて、〈トポス〉の輪郭を失った〈日本という物語〉の水脈も、グローバリズムという大きな波のなかに飲み込まれていったのだろうか。

村上春樹の『海辺のカフカ』は二〇〇二(平成十四)年に発表され、ほどなく日本発の世界同時ベストセラーとして欧米、アジアなどの読者に迎えられた。〈日本発〉の国際的な話題作とはいえ、毎年ノーベル文学賞の候補に取りざたされる作家のこの作品から、かつて谷崎潤一郎や三島由紀夫や川端康成が世界に迎えられたようなオリエンタリズムの文脈を読み取ることは、ほとんど不可能である。ここではむしろ、主人公の〈トポス〉の不在こそが物語を構成する重要なモチーフとなっている。

〈比重のある時間が、多義的な古い夢のように君にのしかかってくる。君はその時間をくぐり抜けるように移動をつづける。たとえ世界の縁までいっても、君はそんな時間から逃れることはできないだろう。でも、もしそうだとしても、君はやはり世界の縁まで行かないわけ

にはいかない。世界の縁まで行かないことにはできないことだってあるのだから〉

主人公である十五歳のカフカ少年が家出をして住み着く四国の図書館も、そこで出会う女性と不思議な過去を秘めたナカタ老人やホシノ青年といった人物も、すべては日本という〈トポス〉から遊離した仮想的な設定である。すべては戦時中に化学兵器の実験で起きた事故をめぐる歴史の〈記憶〉や、闇から抜け出て出会うべき〈新しい世界〉への「入り口の石」を探るための、仮構として造形された〈記号〉にほかならない。

〈トポス〉を失った仮想的な場所に身を置くことではじめて、主人公は人々に共有された過去の記憶や、世界につながる未来という時間に同期化されるのである。

〈日本という物語〉の先に広がる村上春樹のグローバルな空間はここに始まっている。

ともあれ、トゥアンがいわば人間の自己愛を発展させ、拡張することによって示した人々の〈トポス〉への愛という主題を、〈ナショナリズム〉といういささか手垢のついた概念に付随する〈記号〉として読み解くことは、風土や伝統という表象が人々に働きかけて打ち返される精神の運動を理解する上で、果たしてどれほどの意味を持つのだろうか。

〈伝統は創り出される〉

英国の歴史学者のエリック・ホブズボウムは『創られた伝統』のなかで、近代社会における「伝統」という観念や歴史的な「記憶」が、国民国家の形成過程で「創造」され、「発明」されたものである、として、例年行われるクリスマス前夜のケンブリッジ大学の礼拝など、よく知られた現代の英国の文化表象の由来を通してその〈操作性〉を明かした。

古来綿々と継承され、維持されてきたといわれる「伝統」や「歴史の記憶」の多くが、実は十九世紀後半から二十世紀に創り出されたものであり、場合によっては「捏造」さえされた、というのである。この著作では、スコットランドに伝わるタータン模様のキルトやバグパイプといった文化的なシンボルさえ、近代以降の政治の抗争のなかで民族的な遺産の中から掘り起こされ、新たな文化表象とされた経緯が実証的に示されている。

〈まったく新しい社会集団や環境や社会事情、あるいは昔から存在してはいたが劇的に変化したそれらは、社会的結びつきやアイデンティティーを確保したり表明したりするための、そして社会的関係性を構造化するための新しい工夫を必要とした〉（前川啓治他訳）

公式の祝日、式典、英雄、旗、シンボルなど、神話や民話、民間伝承などの〈伝統〉にまつわる過去の〈物語〉を呼び出すことを通して創られる、新しい大きな〈物語〉は必然的に、意識的で作為的になる、とホブズボウムは指摘している。

また近代以降の産業社会の高度化によるコミュニケーションの深化が、世界的な文化の差異を縮小し、ナショナリズムの磁場を衰弱させるという、英国の社会人類学者、アーネスト・ゲルナーの指摘にも耳を傾ける必要があろう。

そのことを踏まえたうえで現代社会における〈伝統〉の在り処を考えるとき、人々の〈トポフィリア〉という、場所への愛に根ざした〈物語〉の再生が、こうした権力的なメカニズムによってもっぱら生み出され、盛衰を繰り返してきたのかと問うてみれば、おそらくそれは事柄の半面をとらえた指摘に過ぎなかろう。


〈なるほどナショナリズムの到来とともに新しい時代がはじまるが、その社会的、文化的母胎を調べなければ、ナショナル・アイデンティティの形成におよぼす影響を理解することはできない。それらはすでに、前近代のエスニー（エトニ＝引用者注）の存在や西欧において徐々に出現してきたナショナルな国家に多くを負っているからである〉

（高柳先男訳）


アントニー・D・スミスは『ナショナリズムの生命力』でこう指摘している。

〈ナショナリズム〉を形成する重要な要因の一つが、人間の置かれた〈トポス〉がもたらす情動によっているならば、それを権力的なゲームの記号としてもっぱら理解するのではなく、エスニックな共同体に遡って歴史的な文脈としての文化表象の創出とその受容という、相互のかかわりに立ち入ってゆく必要があろう。

さらに〈トポス〉への愛が、失われた物語の再生を求める人々の〈自己愛〉に由来するのであれば、その延長上に故郷や伝統や国家など、帰属する場所としての〈パトリ〉に寄せる人々の渇望を見出すことができよう。戦後の日本社会にあって、高度成長期の波頭の一九七〇年前後に広がった〈パトリ〉をめぐる文化表象は、その〈自己愛〉の土壌の崩落に対する危機意識の反映というべきものであったのかもしれない。

建築家の安藤忠雄は一九七六(昭和五十一)年、大阪の下町に「住吉の長屋」を作った。古い町家が密集する大都市の片隅の間口二間、奥行八間という小さな敷地に、コンクリートを打ち放して吹き抜けの空間を取り入れ、風や光を直接迎え入れる構造は、文字通り日本家屋の伝統的な設計思想を現代建築に蘇らせた作品として反響を呼んだ。

冬の底冷えや真夏の炎暑も家屋の構造に読み込んで、四季の自然をそのまま生活と美意識のなかに生かしたこの現代の「長屋」は、日本の風土と伝統が生んだポストモダン建築として世界的な評価を受ける、安藤の建築家としての原点であった。

〈私が目指すに至ったコンクリートの表現は、コルビジュェに代表される粗粗しいそれではなく、もっと繊細なものであった。それは、私自身の感性から生まれてきたものであり、現在は失われつつあるにしても、日本の固有の美意識に裏付けられた感性をその拠り所としていたと思う〉

「家の作りやうは夏をむねとすべし、冬はいかなる所にも住まる」。八百年前に兼好法師がこの国の住まいのあり方について述べた『徒然草』のくだりは、災害や文明に揺らぎ、変容してきた自然を畏れつつ、親しみ育みながら暮らす日本の伝統を説いたものである。安藤が現代の建築に探ってきたのはそうした風土と伝統を継承しながら、移ろい、変じてゆく地球の環境に人々がどう向き合うかという主題であろう。

ベネチアの古い建築物を再生させ、産業廃棄物の島であった瀬戸内海の直島を現代美術の拠点に生まれ変わらせた安藤は、東京湾のごみの埋立地に三十年をかけて四十八万本の松や椎を植えていく「海の森」を手がけている。スペインのバルセロナで十九世紀の末に建築家のアントニオ・ガウディが設計し、現在も引き継がれて建築が続いている〈サグラダ・ファミリア〉(聖家族贖罪教会)を彷彿させる、文明のあり方を問う壮大な計画である。安藤は自身の建築と設計を通して「家族の情愛、忍耐と礼節、自然への敬意など、日本の伝統が育んできた文化を世界に示したい」と述べている。

現代における〈伝統〉の復活が仮にホブズボウムのいう「創り出されたもの」であったとし

ても、その再生を託した〈日本という物語〉が語りかけるのは、グローバリゼーションの下でこの国の遠い過去から響く声に導かれて、人々が新しい〈トポス〉へ寄せる愛のかたちであり、その表象が世界からどのように受容されるのかという、もうひとつの問いにほかならない。

主な参考・引用文献

＊刊行年は底本に用いた刊本のもの

『決定版　三島由紀夫全集』全四十二巻（新潮社）２０００―２００６年
ヘンリー・スコット＝ストークス『三島由紀夫　生と死』徳岡孝夫訳（清流出版）１９９８年
佐伯彰一『評伝　三島由紀夫』（新潮社）１９７８年
『川端康成全集』全三十五巻（新潮社）１９８０―１９８４年
『川端康成　三島由紀夫　往復書簡』（新潮社）１９９７年
『川端康成と東山魁夷――響きあう美の世界』（求龍堂）２００６年
東山魁夷『わが遍歴の山河』（新潮社）１９５７年／『京洛四季』（同）１９６９年／『風景との対話』（同）１９６７年／『馬車よ、ゆっくり走れ』（同）１９７１年／『六本の色鉛筆』（同）１９７９年／『美と遍歴　東山魁夷座談集』（芸術新聞社）１９９７年／『僕の留学時代』（日本経済新聞社）１９９８年
仲間裕子『C・D・フリードリヒ』（三元社）２００７年
中根秀夫「C・D・フリードリッヒとドイツロマン主義、ナショナリズム、そして日本画」（http://hideonakane.com/text/2006TraceIX.html）２００６年
藤岡和賀夫『DISCOVER　JAPAN　40年記念カタログ』（ＰＨＰ研究所）２０１０年／『藤岡和賀夫全仕事1　ディスカバージャパン』（同）１９８７年
川村蘭太『伝説のＣＭ作家　杉山登志――30秒に燃えつきた生涯』（河出書房新社）２０１２年
『ジョン・レノン詩集「イマジン」』平田良子訳（シンコーミュージック）１９９８年
石牟礼道子『新装版　苦海浄土』（講談社文庫）２００４年

＊

丸山眞男『増補版　現代政治の思想と行動』（未来社）１９６４年／『日本の思想』（岩波新書）１９６１年／『自己内対

話　3冊のノートから』（みすず書房）1998年／『戦中と戦後の間　1936―1957』（同）1976年
竹内洋『丸山眞男の時代』（中公新書）2005年
吉本隆明『模写と鏡』（春秋社）2008年／『自立の思想的拠点』（徳間書店）1966年／吉本隆明・江藤淳『文学と非文学の倫理』（中央公論新社）2011年
アントニー・D・スミス『ネイションとエスニシティ』巣山靖司他訳（名古屋大学出版会）1999年／『ナショナリズムの生命力』高柳先男訳（晶文社）1998年
中根千枝『タテ社会の人間関係』（講談社現代新書）1967年
日本文化フォーラム編『日本的なるもの』（新潮社）1964年
『寺山修司歌集』（国文社現代歌人文庫）1987年
中野重治『村の家・おじさんの話・歌のわかれ』（講談社文芸文庫）1994年
『斎藤茂吉歌集』（岩波文庫）1978年
桑原武夫『第二芸術』（講談社学術文庫）1976年
小野十三郎「奴隷の韻律」（『小野十三郎著作集』2・筑摩書房）1990年
『塚本邦雄歌集』（国文社現代歌人文庫）1988年
『佐佐木幸綱歌集』（国文社現代歌人文庫）1977年
『小林秀雄全作品』全二十八巻（新潮社）2002―2005年
俵万智『サラダ記念日』（河出書房新社）1987年
佐藤忠男『増補版　日本映画史』3（岩波書店）2006年
ドナルド・リチー『小津安二郎の美学』山本喜久男訳（フィルムアート社）1978年
吉田喜重『小津安二郎の反映画』（岩波書店）1998年
高橋治『絢爛たる影絵　小津安二郎』（文春文庫）1985年
篠田正浩『闇の中の安息』（フィルムアート社）1979年
千葉伸夫『小津安二郎と20世紀』（国書刊行会）2003年
蓮實重彥『増補決定版　監督　小津安二郎』（筑摩書房）2003年
黒澤明『蝦蟇の油――自伝のようなもの』（岩波現代文庫）2001年

『岡本太郎著作集』全九巻（講談社）１９７９—１９８０年／『リリカルな自画像』（みすず書房）２００１年／「死の灰」
（『美術手帖』１９５６年７月号）
岡本太郎、泉靖一、梅棹忠夫共編『世界の仮面と神像』（朝日新聞社）１９７０年
橋爪紳也監修『EXPO'70パビリオン　大阪万博公式メモリアルガイド』（平凡社）２０１０年
椹木野衣『戦争と万博』（美術出版社）２００５年
梅棹忠夫編『民博誕生——館長対談』（中公新書）１９７８年
梅棹忠夫「文明の生態史観」（『梅棹忠夫著作集』５・中央公論社）１９８９年
小松左京『日本沈没』上・下（小学館文庫）２００５年

＊

團伊玖磨『パイプのけむり』全二十七巻（朝日新聞社）１９６５—２００１年／『青空の音を聞いた——團伊玖磨自伝』
（日本経済新聞社）２００２年／『八丈多与里』（朝日新聞社）１９７９年／小泉文夫共著『日本音楽の再発見』（平凡社
ライブラリー）２００１年
江間章子『詩の宴　わが人生』（影書房）１９９５年／『〈夏の思い出〉その想いのゆくえ』（宝文館出版）１９８７年
江戸英雄『すしやの証文』（朝日新聞社）１９６６年／『私の三井昭和史』（東洋経済新報社）１９８１年
『男爵團琢磨伝』上・下（故團男爵伝記編纂委員会）１９３８年
菱沼五郎「上申書」（高橋正衛編『現代史資料５』・みすず書房）１９６４年
小幡五朗『欧州の原子力施設をたづねて』（私家版）１９６８年
井上日召『一人一殺　井上日召自伝』（日本週報社）１９５３年／『炎の求道者　井上日召獄中日記』上・下（毎日新聞社）
１９７９年／「梅乃実」（『現代史資料５』・みすず書房）１９６４年
ハインリッヒ・ショネー『「満州国」見聞記——リットン調査団同行記』金森誠也訳（新人物往来社）１９８８年
久世光彦『昭和幻燈館』（中公文庫）１９９２年／『美の死——ぼくの感傷的読書』（筑摩書房）２００１年
田中角栄ほか『私の履歴書——保守政権の担い手』（日経ビジネス人文庫）２００７年
田中角栄『日本列島改造論』（日刊工業新聞社）１９７２年／『自伝　わたくしの少年時代』（講談社）１９７３年
立花隆『田中角栄研究』上・下（講談社文庫）１９８２年
水木楊『田中角栄——その巨善と巨悪』（文春文庫）２００１年

保阪正康『田中角栄の昭和』（朝日新書）２０１０年
中西進ほか『日本のこころ　天の巻　私の好きな人』（講談社）２０００年
村上泰亮『新中間大衆の時代』（中央公論社）１９７９年
村上泰亮・公文俊平・佐藤清三郎『文明としてのイエ社会』（中央公論社）１９７９年
司馬遼太郎『坂の上の雲』全八巻（文春文庫）２０１０年／『故郷忘じがたく候』（文春文庫）１９７６年／『歴史の夜咄』林家辰三郎と共著（小学館）１９６５年／『「明治」という国家』（日本放送出版協会）１９８９年／『歴史の中の日本』（中公文庫）１９９４年／『司馬遼太郎が考えたこと』全十五巻（新潮文庫）２００４—２００６年／「競争の原理の作動」（『太陽』１９７１年10月号）
関川夏央『「坂の上の雲」と日本人』（文藝春秋）２００６年
中村政則『「坂の上の雲」と司馬史観』（岩波書店）２００９年
成田龍一『戦後思想家としての司馬遼太郎』（筑摩書房）２００９年
『城山三郎全集』全十二巻（新潮社）１９８０—１９８１年／城山三郎『本田宗一郎との一〇〇時間』（講談社）１９８４年／「本田宗一郎は泣いている」（『文藝春秋』１９９１年10月号）／詩集『支店長の曲がり角』（講談社文庫）１９９６年
本田宗一郎『夢を力に——私の履歴書』（日経ビジネス人文庫）２００１年／片山修編『本田宗一郎からの手紙』（文春文庫）１９９８年
盛田昭夫・下村満子・E・ラインゴールド『MADE IN JAPAN』（朝日文庫）１９９０年／盛田昭夫・石原慎太郎『「NO」と言える日本——新日米関係の方策』（光文社）１９８９年
エズラ・ヴォーゲル『ジャパン・アズ・ナンバーワン』広中和歌子・木本彰子訳（阪急コミュニケーションズ）２００４年
ジェームズ・ファローズ『日本封じ込め——強い日本VS巻き返すアメリカ』大前正臣訳（TBSブリタニカ）１９８９年
C・V・プレストウィッツ『日米逆転——成功と衰退の軌跡』國弘正雄訳（ダイヤモンド社）１９８８年

＊

『瀬音——皇后陛下御歌集』（大東出版社）１９９７年／美智子『橋をかける——子供時代の読書の思い出』（文春文庫）２００９年／『あゆみ——皇后陛下お言葉集　改訂新版』（海竜社）２０１０年
宮原安春『祈り　美智子皇后』（文春文庫）２００１年

渡辺みどり『美智子皇后の「いのちの旅」』（文春文庫）1994年／『美智子皇后「みのりの秋」』（同）1997年
入江相政『入江相政日記』全十二巻（朝日新聞社）1994―1995年
新川和江『わたしを束ねないで』（童話屋）1997年
神谷美恵子『生きがいについて』（みすず書房）2004年／『遍歴』（同）2005年
須賀敦子『ヴェネツィアの宿』（文藝春秋）1993年／『トリエステの坂道』（みすず書房）1995年／『コルシア書店の仲間たち』（文藝春秋）1992年／『地図のない道』（新潮社）1999年／『ユルスナールの靴』（河出文庫）1998年
湯川豊『須賀敦子を読む』（新潮文庫）2009年
村上春樹『アンダーグラウンド』（講談社文庫）1999年／『風の歌を聴け』（同）2004年／『1973年のピンボール』（同）2004年／『ねじまき鳥クロニクル』全三巻（新潮社）1994―1995年／『やがて哀しき外国語』（講談社文庫）1997年／『ノルウェイの森』上・下（同）2004年／『海辺のカフカ』上・下（新潮文庫）2005年／『村上春樹、河合隼雄に会いにいく』（同）1998年／『村上春樹雑文集』（新潮社）2011年
大塚英志『村上春樹論――サブカルチャーと倫理』（若草書房）2006年
福田和也『近代の拘束、日本の宿命』（文春文庫）1998年／『南部の慰安』（文藝春秋）1998年／『江藤淳という人』（新潮社）2000年
江藤淳『漱石とその時代』全五巻（新潮社）1970―1999年／『成熟と喪失――〝母〟の崩壊』（講談社文芸文庫）1993年／『一族再会』（同）1988年／『海は甦える』全五巻（文春文庫）1986年／『南洲残影』（同）2001年／『海舟余波――わが読史余滴』（同）1984年／『閉ざされた言語空間――占領軍の検閲と戦後日本』（同）1994年／『江藤淳コレクション』1―4（ちくま学芸文庫）2001年／『日本よ、亡びるのか』（文藝春秋）1994年／「皇室にあえて問う」（『文藝春秋』1995年3月号）
シュテファン・ツヴァイク『昨日の世界』Ⅰ・Ⅱ、原田義人訳（みすず書房）1999年
夏目鏡子『漱石の思い出』（文春文庫）1994年
小泉八雲『神々の国の首都』平川祐弘編（講談社学術文庫）1990年／ラフカディオ・ハーン『心　日本の内面生活の暗示と影響』平井呈一訳（岩波文庫）1951年
ドナルド・キーン『ドナルド・キーン自伝』角地幸男訳（中公文庫）2011年／『百代の過客』金関寿夫訳（講談社学術文庫）

２０１１年／『日本人の美意識』同（中央公論社）１９９０年／『日本との出会い』篠田一士訳（中公文庫）１９７５年

＊

永井荷風『摘録　断腸亭日乗』上・下（岩波文庫）１９８７年
イーフー・トゥアン『トポフィリア――人間と環境』小野有五・阿部一訳（ちくま学芸文庫）２００８年
志賀重昂『日本風景論』（岩波文庫）１９９５年
『谷崎潤一郎全集』全三十巻（中央公論社）１９８１―１９８３年
エリック・ホブズボウム、Ｔ・レンジャー編『創られた伝統』前川啓治他訳（紀伊國屋書店）１９９２年
アーネスト・ゲルナー『民族とナショナリズム』加藤節監訳（岩波書店）２０００年
日本の建築家編集部『安藤忠雄』（丸善）１９８６年
桶谷秀昭『昭和精神史』（文春文庫）１９９６年／『昭和精神史　戦後編』（同）２００３年
清水昶詩集『少年』（永井出版企画）１９６９年

＊

『新潮　特集　三島由紀夫追悼』１９７１年２月号／『新潮　川端康成追悼特集』１９７２年６月号／『新潮　臨時増刊　小林秀雄追悼記念号』１９８３年４月／『文學界　追悼・江藤淳』１９９９年９月号／『文學界』〈世界は村上春樹をどう読むか〉２００６年９月号／『展望』１９６５年10月号／『文藝春秋』１９９１年10月号／『中央公論』２０１１年７月号

＊

朝日新聞／毎日新聞／読売新聞／日本経済新聞／産経新聞

あとがき

〈いのちを吸う泥田の深みから腰をあげ／鬚にまつわる陽射しをぬぐい／影の顔でふりむいた若い父／風土病から手をのばしまだ青いトマトを食べながら／声をたてずに笑っていた若い母／そのころからわたしは／パンがはげしい痛みでこねられていることを知り／あざ笑う麦のうねり疲労が密集するやせた土地／おびえきった鶏が不安の砂をはねながら／火のように呼ぶ太陽に殺《そ》りあがる一日の目覚めに／憎しみを持つ少年になった〉

（清水昶詩集『少年』）

一九七〇年前後に現代詩に親しんだ世代であれば、そのころ鮮烈な印象とともに登場した〈ロマンティークの詩人〉として、この清水昶の名を思い起こす人もあろう。

高度成長の坂を上り詰めようとする社会の火照りのなかで、遥かな〈家〉や〈風土〉の記憶から呼び起した熱い情念を時代精神に重ねた言葉の底流には、秘めやかな伝統詩歌の韻律が響いていた。戦後の秩序への異議申し立てと多様な表現への渇望を同居させていた若い世代がその目眩めく修辞に寄せた深い共感は、やがてグローバリゼーションと「大きな物語」の終焉（ジャン＝フランソワ・リオタール）とともに遠景に退いていった。

熱気と軽躁に覆われた〈豊かな社会〉へ向かう戦後日本にあって、〈伝統〉や〈歴史〉への回帰を求めるもうひとつの社会の水脈をさまざまな文化表象のなかに探るという本書の企みは、世代的には私より少し下で、自ら短歌の評論も手がける担当編集者の服部滋氏の理解と支えに多くを負っている。かつて清水の作品から大きな刺激を受けた記憶を編集の過程で分かち合うことから、〈一九七〇年〉を転回点とした戦後の日本社会における〈物語〉の空洞化と、ひとつの時代の溶解がゆるやかに浮かび上がってきたのである。

これは四十年余りの歳月を遡って〈一九七〇年〉を起点とした日本人の〈パトリ〉（祖国）の所在をたどる物語であるが、同時に現在の日本人にとっての〈オンリー・イエスタデイ〉の物語でもある。終戦から一九七〇年までの四半世紀に比べてみれば、一九七〇年から現在までの四十年余りの歳月は、物理的な時間としてははるかに長く、この国がその経過のなかで遂げた社会の変容は〈歴史〉として振り返るのに十分な時間を伴っている。

それにもかかわらず、いまだにその日々が〈昨日の物語〉として生々しくあり続けるのはなぜであろうか。おそらく、物質的な〈豊かさ〉に飽和した日本がその後の冷戦構造の崩壊や国際化の進展などによって「祖国」の輪郭を見失うなかで、人々が〈昨日の物語〉を未整理のまま心に抱えて二十一世紀のいまを生きているからではなかろうか。

物語の主人公として登場する人々の〈パトリ〉の在り処《あど》は、歴史や伝統につらなるさまざまな文化のかたちから統治機構としての「国家」そのものに至るまで幅広く及んでいる。筆者はマスメディアの場で過半以上のこのポルトレ（肖像画）のモデルたちに直接出会う機会に恵まれ、その人となりに接してきた。もとより多くは取材や編集に伴う一過性の出会いに過ぎないが、こうした同時代の主役たちに直接接することで得た〈声〉と〈空気〉の記憶が、本稿をまとめるにあたって大きな力となったことはいうまでもない。

本書は書き下ろしであるが、一部は月刊誌「FACTA」に寄稿した文章を全面的に加筆、改稿して項立てした。雑誌掲載でお世話になった同誌編集部に、この場を借りて謝意をお伝えしたい。

末筆ながら、周到な配慮によって美しい本に仕上げて頂いたウェッジ書籍部の服部滋氏に改めて感謝を申し上げる。

二〇一三年一月

柴崎　信三

著者略歴

しばさき　しんぞう。一九四六年、東京生れ。六九年、慶応大学法学部卒業、日本経済新聞社入社。社会部記者、同部次長、文化部長などを経て、論説委員兼編集委員を務める。二〇〇七年退社。独立行政法人・国民生活センター理事を経て現在、獨協大学、白百合女子大学、文化学園大学などで教鞭をとる。

著書に『魯迅の日本　漱石のイギリス――「留学の世紀」を生きた人びと』(日本経済新聞社、一九九九年)、『絵筆のナショナリズム――フジタと大観の〈戦争〉』(幻戯書房、二〇一一年)、共著に『新メディア社会の誕生――変貌する意識・生活・文化』(日本経済新聞社、一九九六年)、『日本を磨く――輝く「強い国」をつくる』(日本経済新聞社、二〇〇七年)、『日記をのぞく』(日本経済新聞出版社、二〇〇七年)等がある。

パトリ　〈祖国〉の方へ
——一九七〇年の〈日本発見〉

2013年2月26日　第1刷発行

著　者　　柴崎信三
発行者　　布施知章
発行所　　株式会社ウェッジ
〒101-0052　東京都千代田区神田小川町1-3-1
ＮＢＦ小川町ビルディング３Ｆ
電話：03-5280-0528　FAX：03-5217-2661
http://www.wedge.co.jp/ 振替 00160-2-410636
DTP組版　株式会社リリーフ・システムズ
印刷・製本所　図書印刷株式会社

※定価はカバーに表示してあります。　ISBN978-4-86310-107-4 C0095